WELT DER ZAHL 1

Herausgegeben von
Prof. Dr. Hans-Dieter Rinkens
Dr. Thomas Rottmann
Gerhild Träger

Erarbeitet von
Steffen Dingemans, Jörg Franks, Claudia Neuburg, Kerstin Peiker,
Prof. Dr. Andrea Peter-Koop, Prof. Dr. Hans-Dieter Rinkens,
Dr. Thomas Rottmann, Michaela Schmitz, Gerhild Träger

Die Ausgabe Sachsen wurde erarbeitet von
Viola Auerswald, Sybille Behrisch, Kristian Eßen, Heike Keller,
Andrea Ludwig, Antje Nicklitzsch, Hella Reitzenstein

Unter Beratung von
Rosemarie Reiß, Dr. Marlies Zenner

Schroedel
westermann

Inhaltsverzeichnis

Inhaltsbezogene Kompetenzen — Themen — Prozessbezogene Kompetenzen

Prozessbezogene Kompetenzen   P Problemlösen   M Modellieren   A Argumentieren   K Kommunizieren   D Darstellen

Inhaltsbezogene Kompetenzen

 Muster und Strukturen

Zahlen und Operationen

 Raum und Form

 Größen und Messen

 Daten und Zufall

1 Zum Bild erzählen. **2** Zahlbild, Zahl und Strichliste verbinden.

1 Gegenstände zählen, Anzahl benennen, mit Zahlenkarten legen oder als Strichliste zeichnen.
Lagebeziehungen: links, rechts, oben, unten, in der Mitte, über, unter.
2 Verschiedene Aktivitäten zum Zuordnen und Darstellen von Anzahlen/Zahlen nachspielen.

1

2

1 Womit spielen die Kinder? Linien zuerst mit dem Auge verfolgen, dann mit Farbe nachzeichnen.
2 Schattenbilder zuordnen.

1

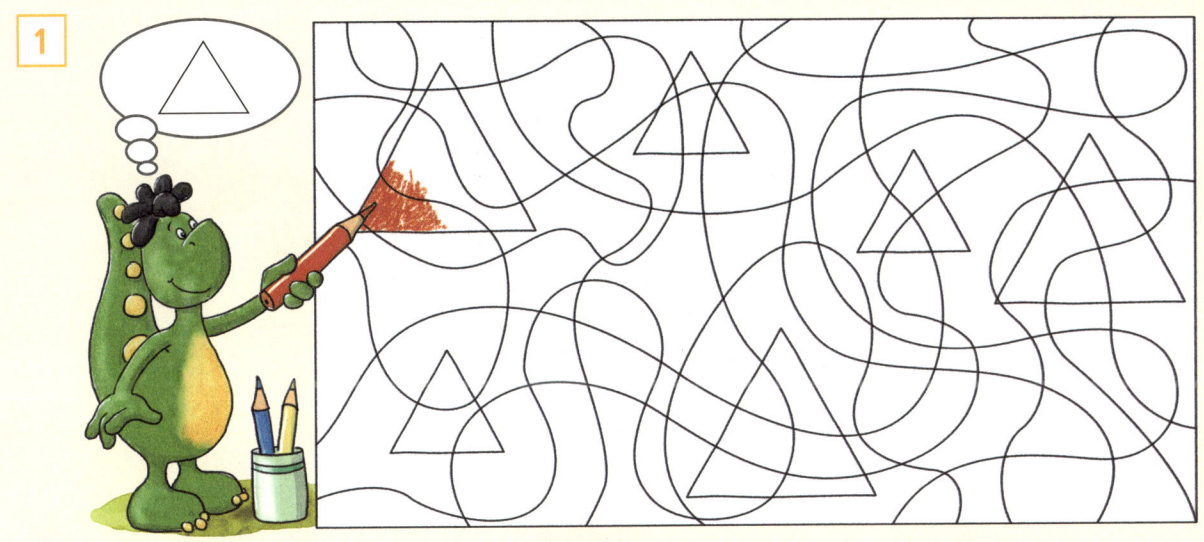

2

3

1 – **2** Figuren (Dreiecke, Ziffern 1, 2, 3) erkennen und färben (Figur-Grund-Diskriminierung).

3 Nur eine Lage ist richtig. Die richtige Lage einkreisen.

links   rechts

1

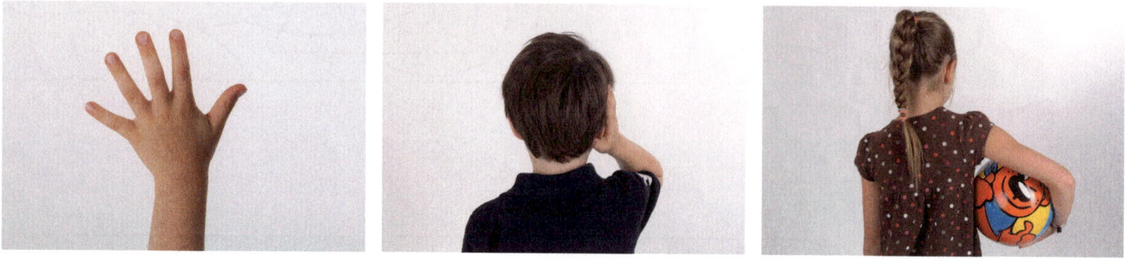

☐   ☐   ☐

2

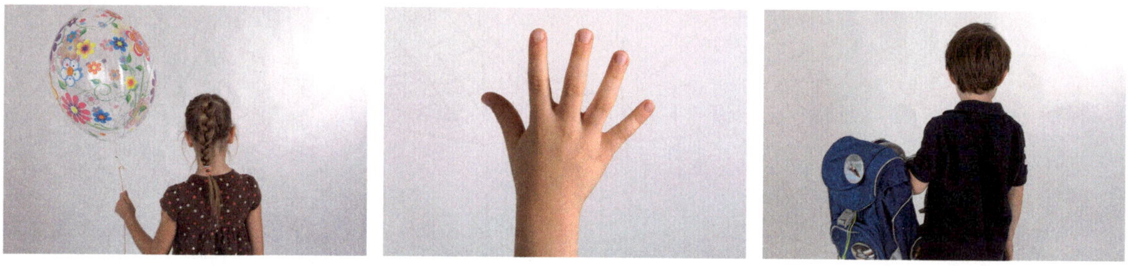

☐   ☐   ☐

3

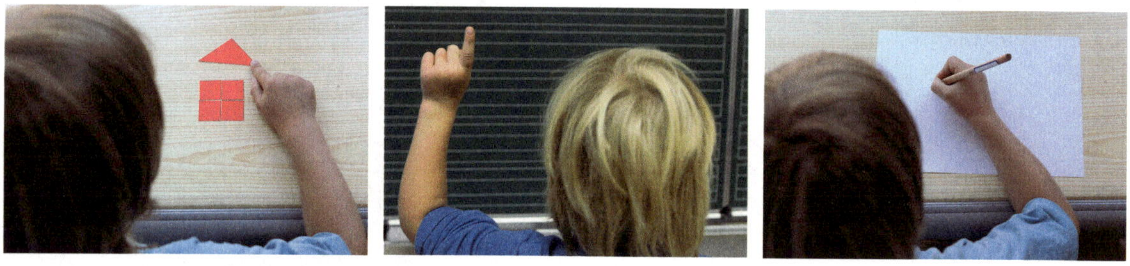

☐   ☐   ☐

eins

1

1

1

1

1 – **3** Kästchen passend lila (links) oder rot (rechts) färben. Unten: Darstellungen zur Zahl 1 ergänzen.
Beginn des Ziffernschreibkurses.

8

Mia

1

☐ ☐ ☐ ☐

2

☐ ☐ ☐ ☐

zwei

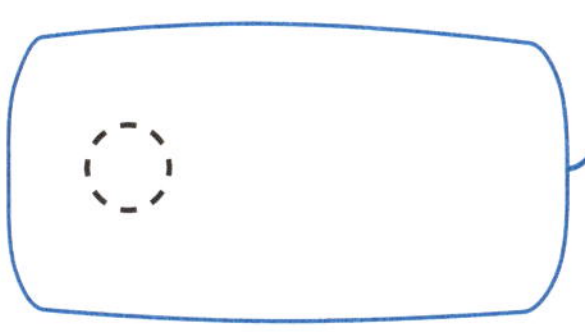

2

2

1 – 2 Was sieht Mia links, was sieht sie rechts? Das Kästchen passend lila oder rot färben.
Nach dieser Seite empfiehlt sich Diagnosetest D1.

9

1

2

3

4

5

6

7

drei

3

3

3

3

3

1 – 7 Töne hören und zählen. Zahlen mit Ziffernkarten zeigen, Punkte oder Striche zeichnen oder Zahlen schreiben.

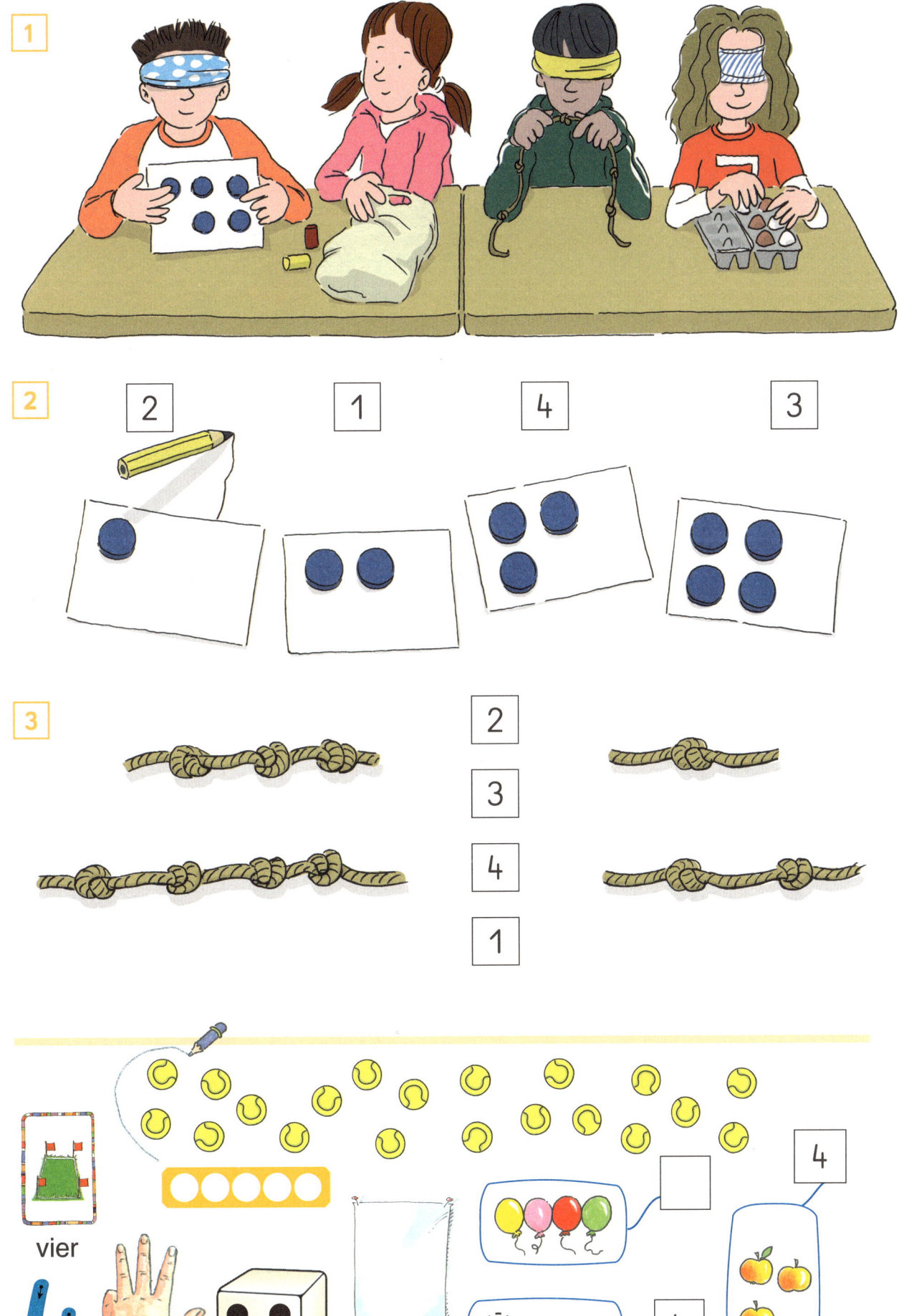

1

2   1   4   3

3

2
3
4
1

vier

4

2 – 3 Punkte, Knoten mit den passenden Zahlen verbinden.

1

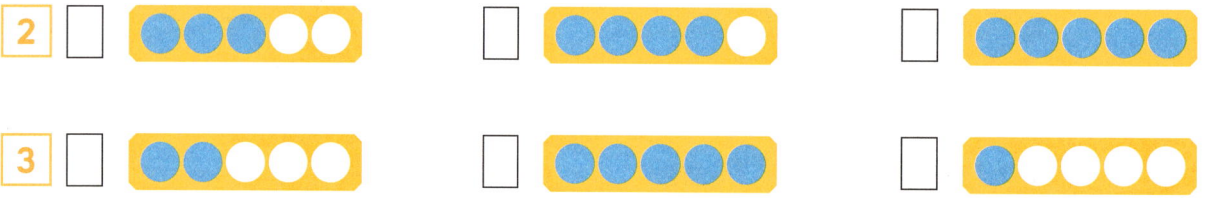

2

3

fünf

5

5

1 – 3 Zahlen eintragen.

1

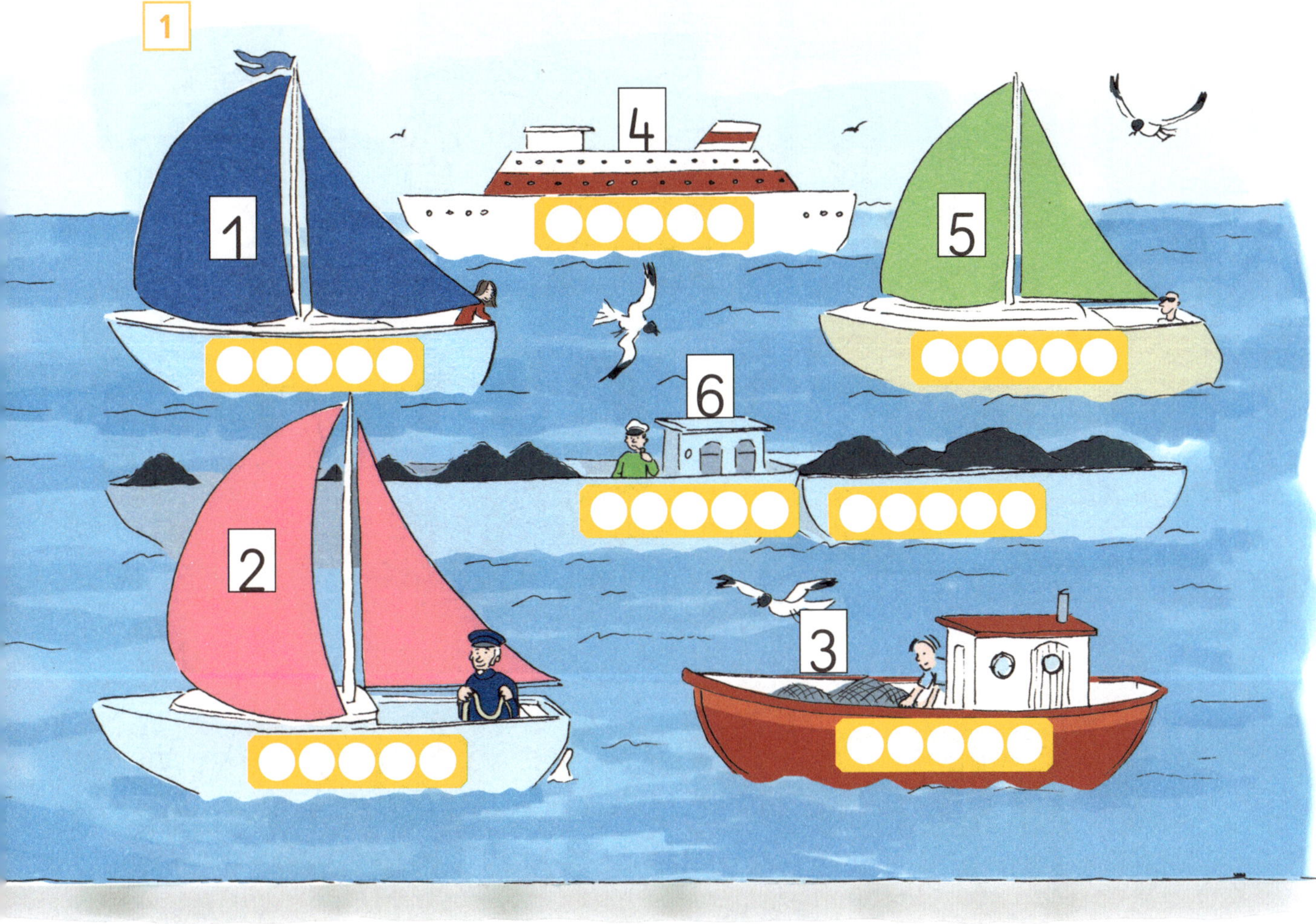

2 | 3 ⬭⬭⬭⬭⬭ ⬭⬭⬭⬭⬭   5 ⬭⬭⬭⬭⬭ ⬭⬭⬭⬭⬭

3 | 6 ⬭⬭⬭⬭⬭ ⬭⬭⬭⬭⬭   4 ⬭⬭⬭⬭⬭ ⬭⬭⬭⬭⬭

6 auf einen Blick!
5 und ____

6

sechs

6

1 – **3** Plättchen malen.

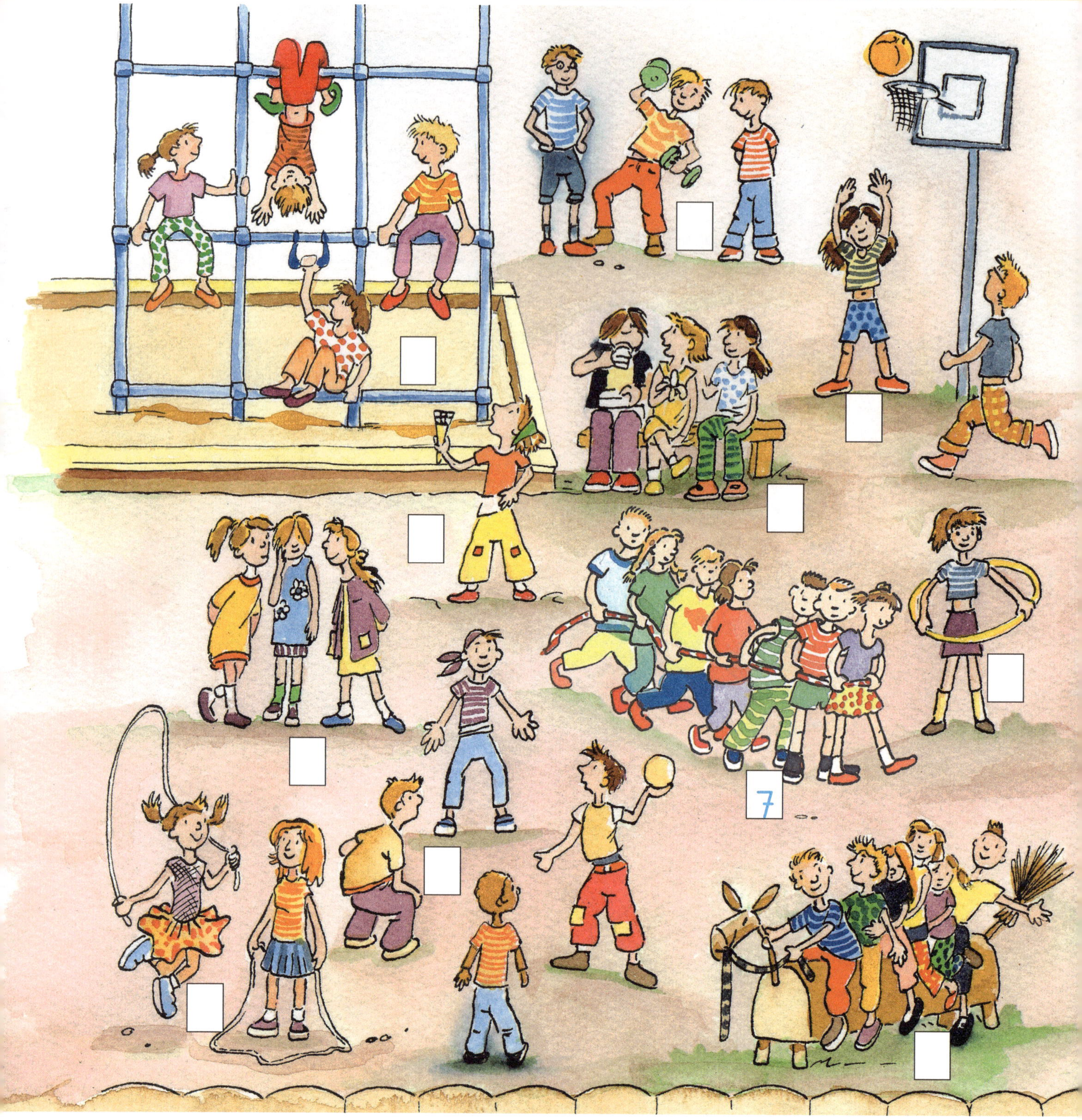
7

sieben

7

7

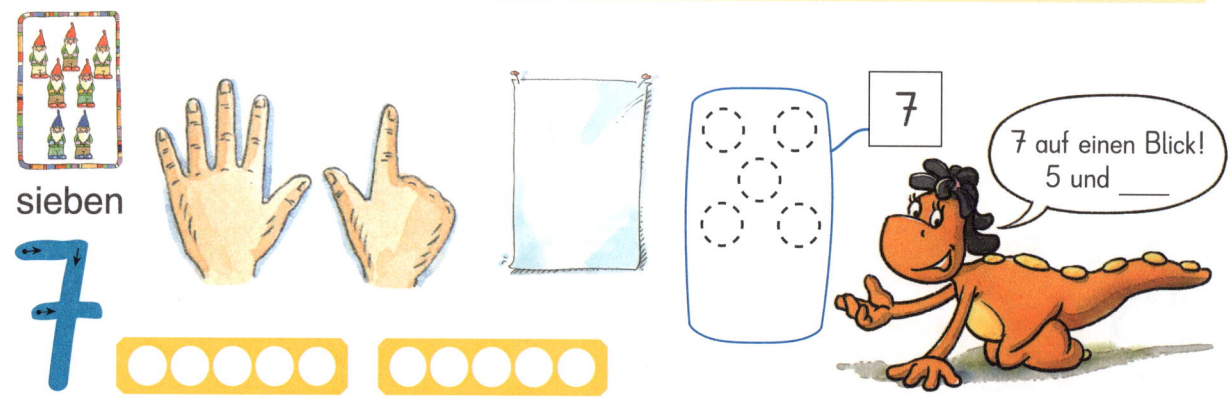

7 auf einen Blick!
5 und ___

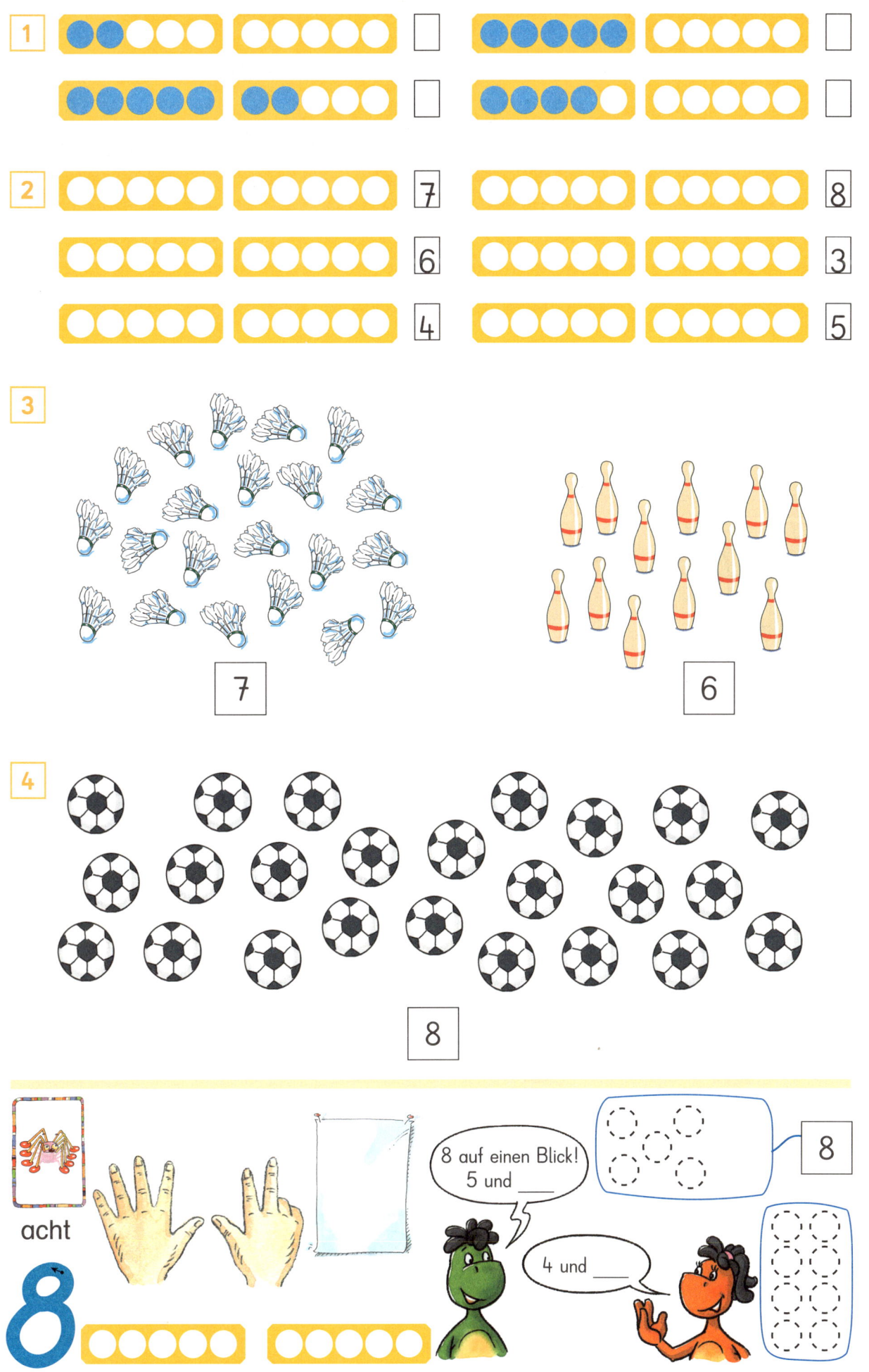

acht

8 auf einen Blick!
5 und ____

4 und ____

1 Anzahl erkennen, Zahl aufschreiben. **2** Plättchen malen. **3** – **4** Entsprechende Anzahl einkreisen.

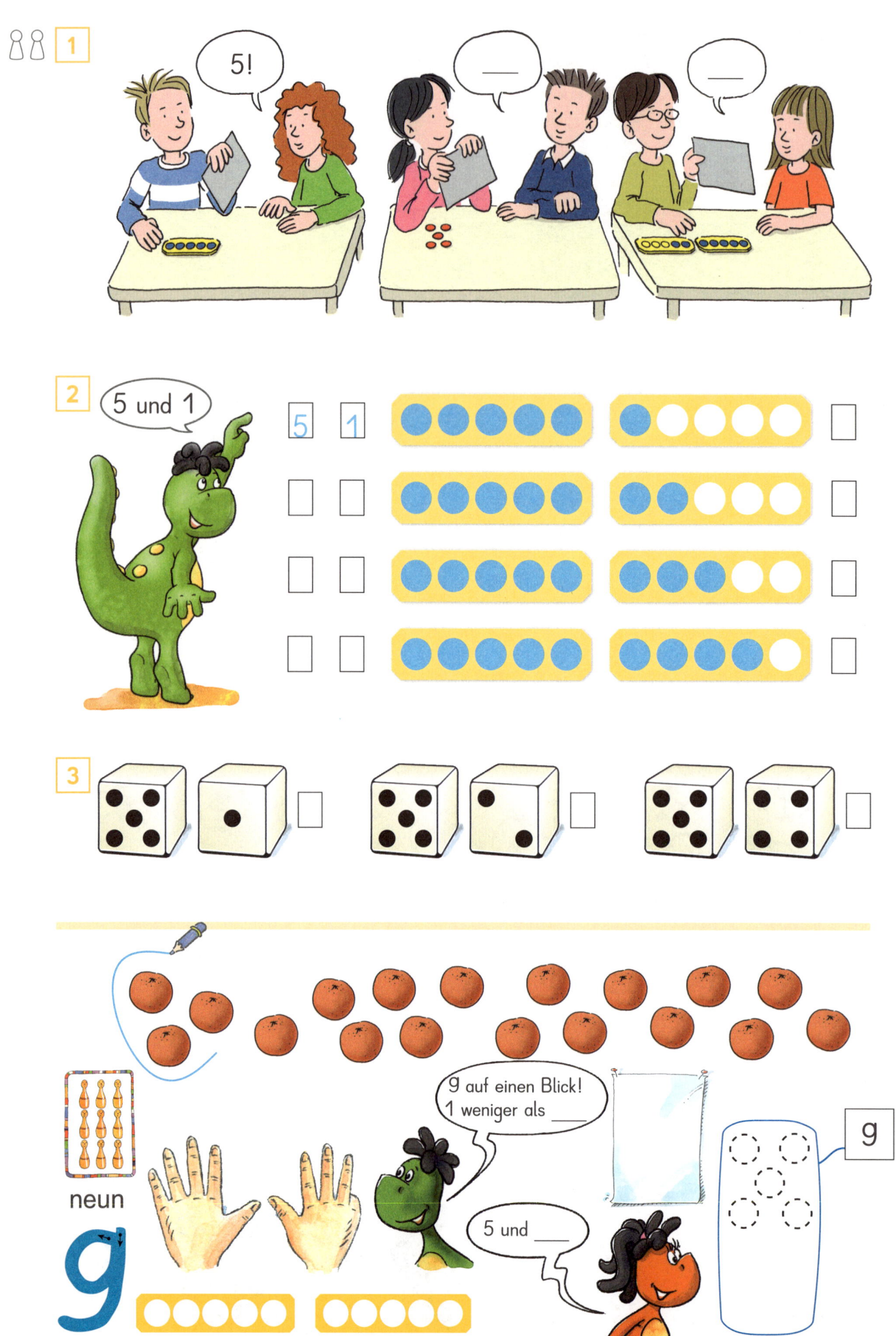

neun

g

2 Zerlegung und Gesamtzahl eintragen.　3 Anzahlen eintragen. Kraft der Fünf nutzen.

1

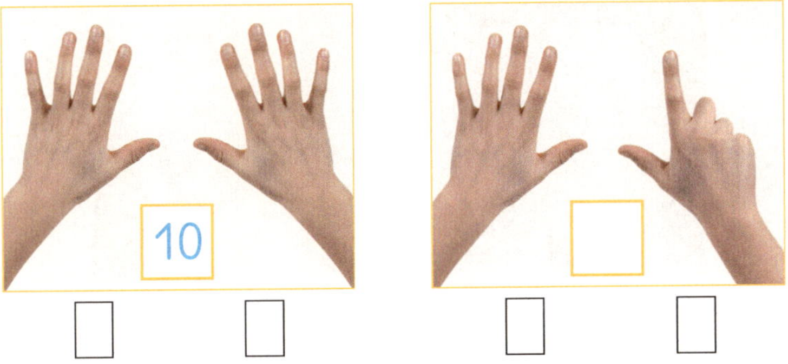

10

Kraft
der 5

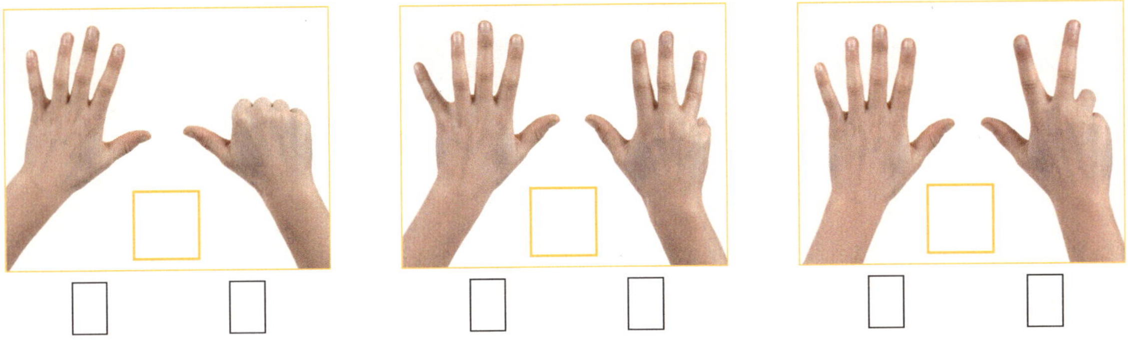

2

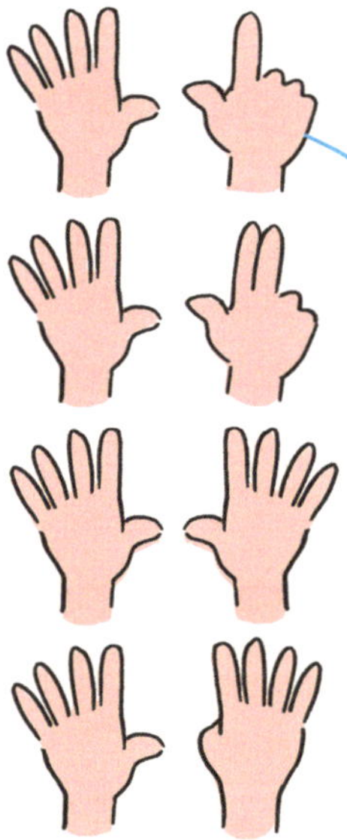

10

7

8

9

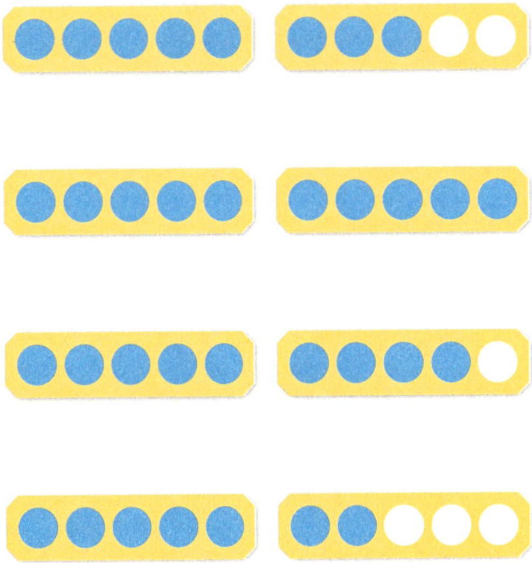

5   4   3   2   1   0

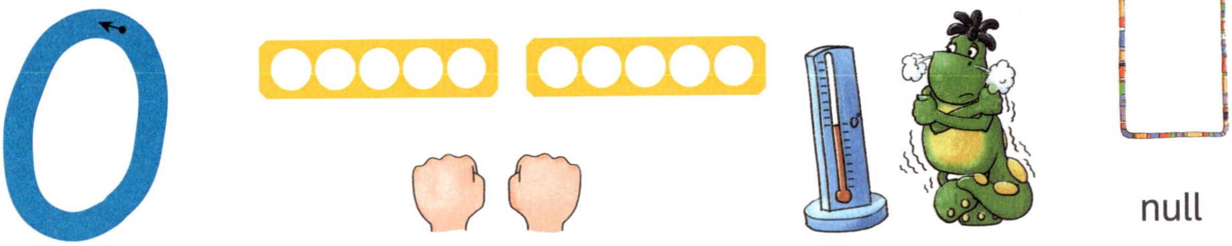

null

1 Anzahlen eintragen, Kraft der Fünf nutzen.   **2** Fingerzahlen und Rechenschiffe mit passender Zahlenkarte verbinden.

1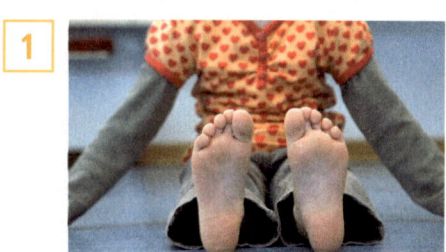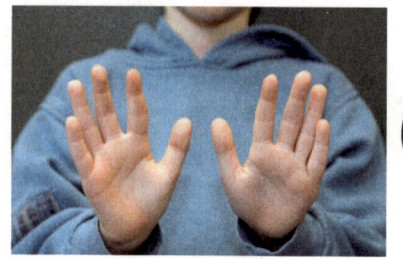

2

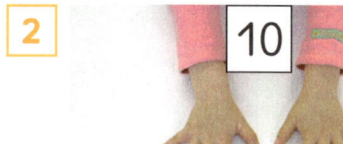 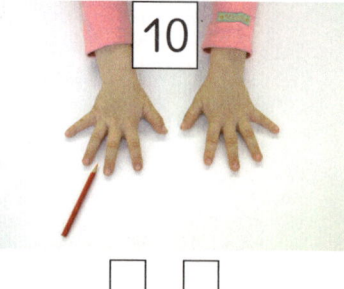 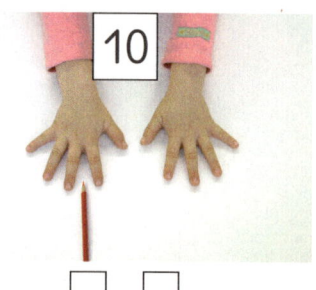

☐ ☐   ☐ ☐   ☐ ☐

 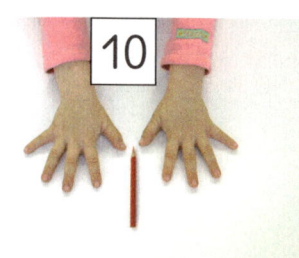 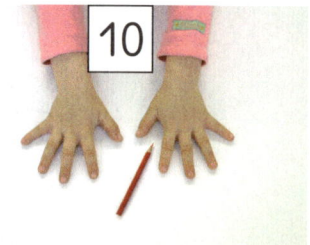

☐ ☐   ☐ ☐   ☐ ☐

 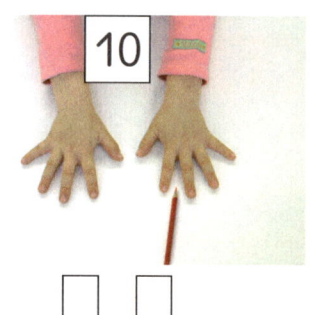 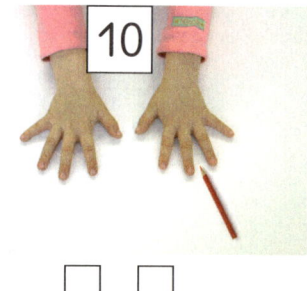 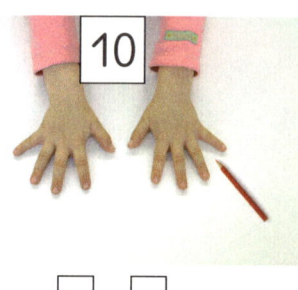

☐ ☐   ☐ ☐   ☐ ☐

 **3**

 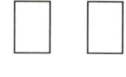

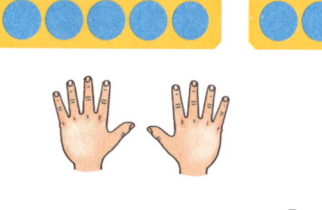

zehn

 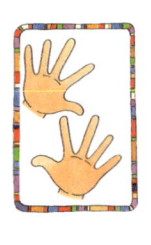

2 Zerlegungen aufschreiben.

Zerlegen mit der Schüttelbox

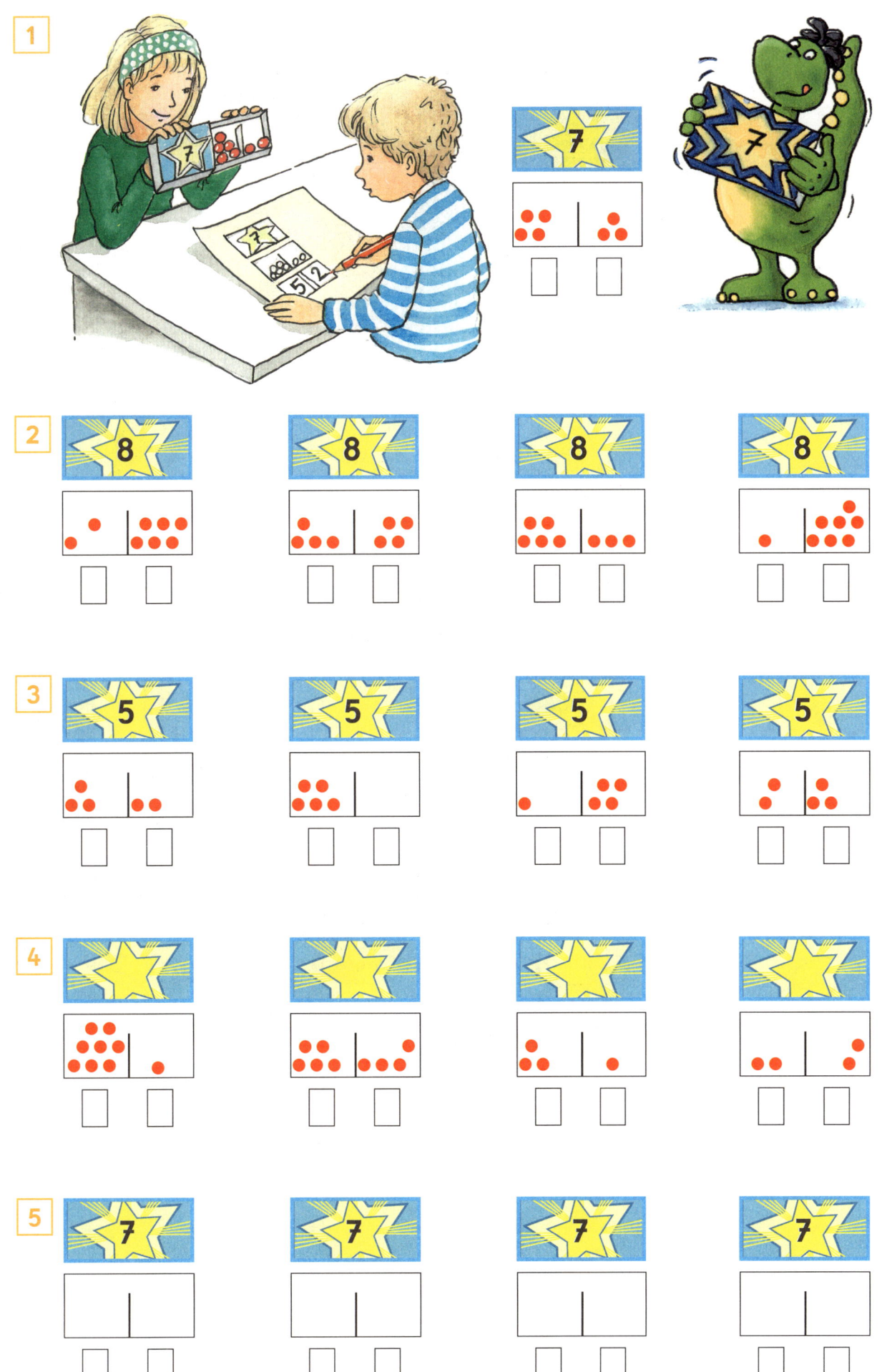

1 – **3** Zerlegungen aufschreiben. **4** Zahl und Zerlegung aufschreiben. **5** Zerlegungen finden.

6
3

7

Erzählen: Wie viele Autos (Enten, ...) sind es? Wie viele blaue, wie viele rote? Gesamtzahl und Zerlegung aufschreiben.
Es sind verschiedene Zerlegungen möglich. Unten: Gesamtzahl und Zerlegung aufschreiben. Plättchen entsprechend färben.

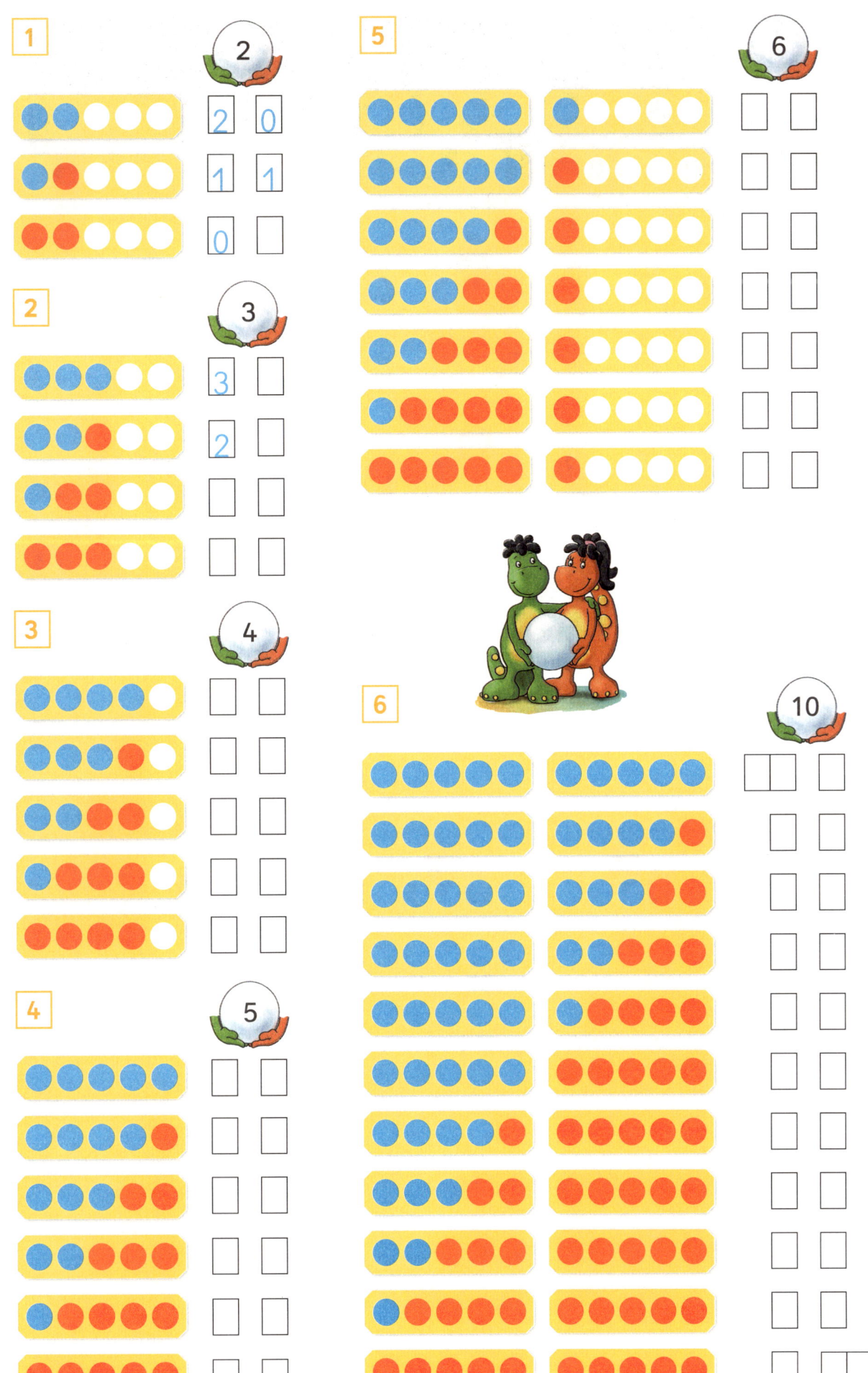

1 – 6 Systematische Zahlzerlegung schreiben.
Nach dieser Seite empfiehlt sich Diagnosetest D2.

1

| 1 | | 3 | | 5 | 6 | | 8 | | | | |

2

| | 2 | | | | 6 | 7 | 8 | | | 11 | 12 |

3

| | | 3 | | | 6 | | | | 10 | | |

4

Ich stehe zwischen ___ und ___.

| | 4 | | | | 6 | | | | 11 | |

5

Vorgänger (V)	Zahl	Nachfolger (N)
	2	
	6	
	10	

V	Zahl	N
2		
	5	
		3

V	Zahl	N
	9	
7		
		11

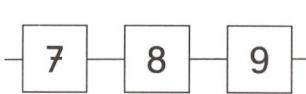

| 7 | 8 | 9 |

7 ist der Vorgänger (V) von 8.

9 ist der Nachfolger (N) von 8.

8 steht zwischen 7 und 9.

1 – **3** Die fehlenden Zahlen der Zahlenreihe eintragen.   **4** – **5** Vorgänger, Zahl und Nachfolger eintragen.

!

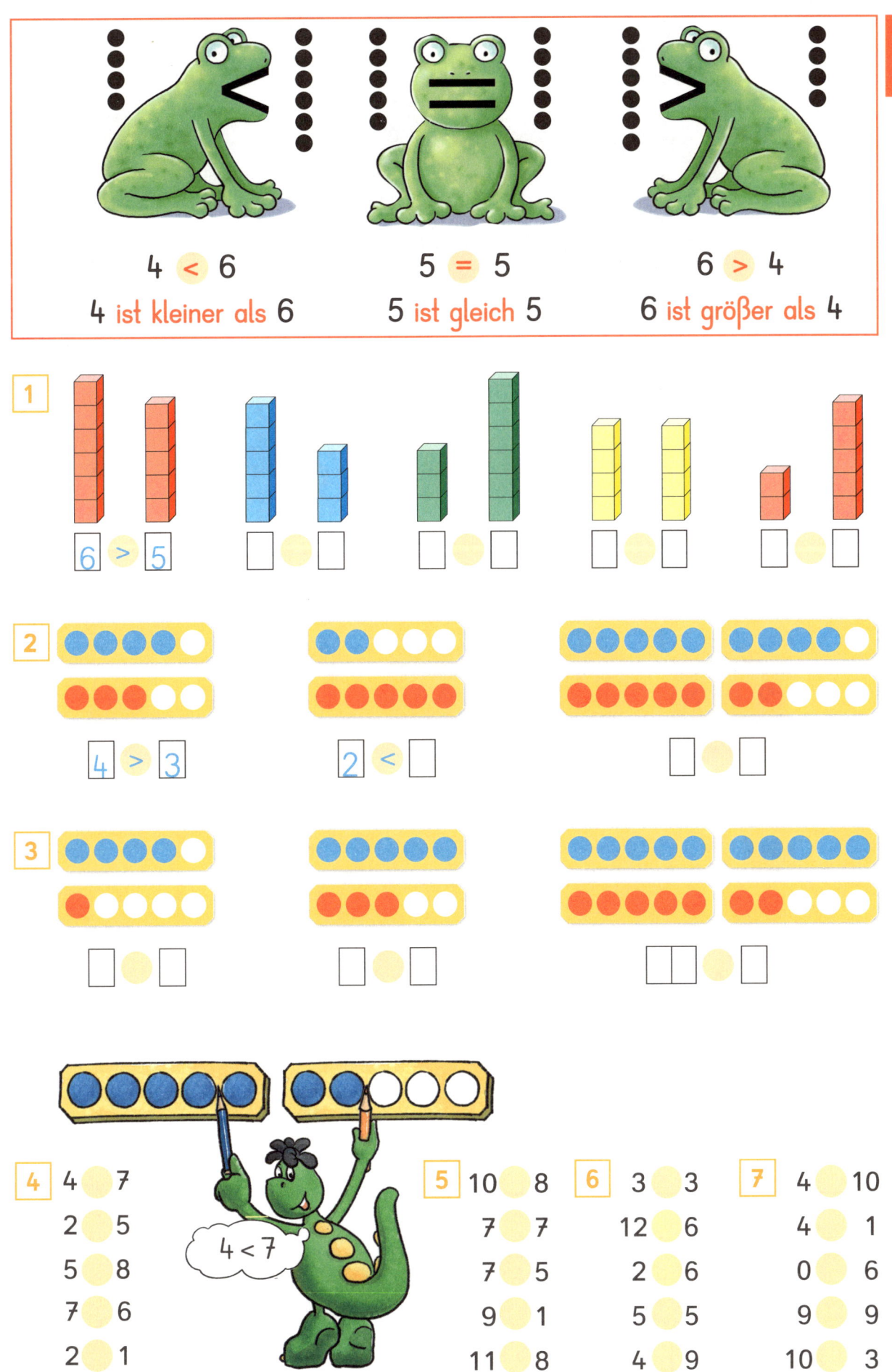

4 < 6   5 = 5   6 > 4

4 ist kleiner als 6   5 ist gleich 5   6 ist größer als 4

1   6 > 5   ☐ ⬤ ☐   ☐ ⬤ ☐   ☐ ⬤ ☐   ☐ ⬤ ☐

2   4 > 3   2 < ☐   ☐ ⬤ ☐

3   ☐ ⬤ ☐   ☐ ⬤ ☐   ☐ ☐ ⬤ ☐

4 < 7

4		**5**		**6**		**7**	
4 ⬤ 7		10 ⬤ 8		3 ⬤ 3		4 ⬤ 10	
2 ⬤ 5		7 ⬤ 7		12 ⬤ 6		4 ⬤ 1	
5 ⬤ 8		7 ⬤ 5		2 ⬤ 6		0 ⬤ 6	
7 ⬤ 6		9 ⬤ 1		5 ⬤ 5		9 ⬤ 9	
2 ⬤ 1		11 ⬤ 8		4 ⬤ 9		10 ⬤ 3	

1 – **3** Anzahlen vergleichen, Zahlen und Zeichen aufschreiben. **4** – **7** <, > oder = einsetzen.
Nach dieser Seite empfiehlt sich Diagnosetest D3.

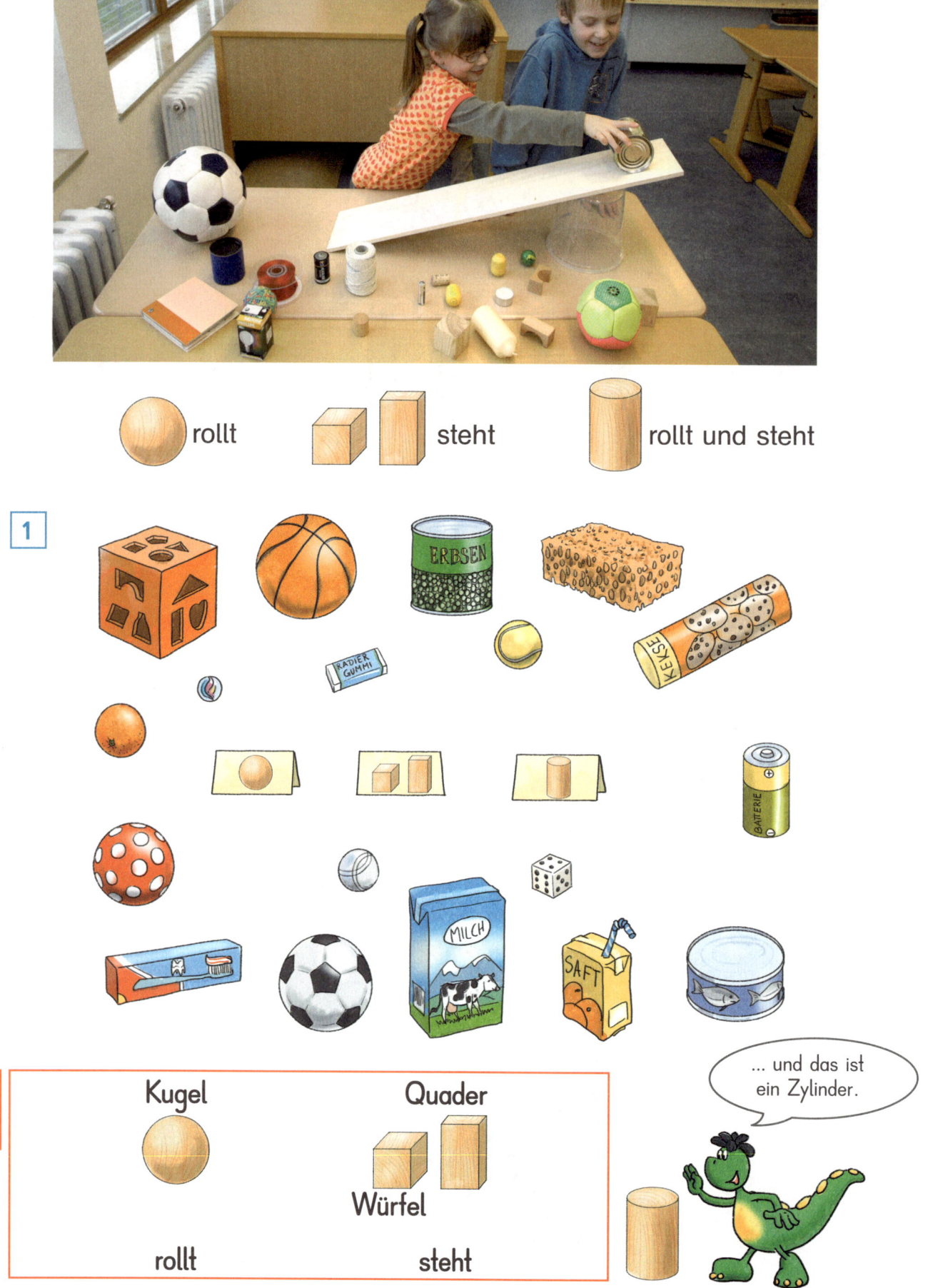

rollt

steht

rollt und steht

1

Kugel Quader

Würfel

rollt steht

... und das ist ein Zylinder.

1 Was passt? Verbinden.

1 – 2 Körper unterscheiden und zählen. Anzahl eintragen. 3 – 7 Anzahl eintragen.
Nach dieser Seite empfiehlt sich Diagnosetest D4.

25

Addieren

1

4 + 3 = 7

4 plus 3 ist gleich 7

1. He ho, vier Piraten,
   he ho, vier Piraten,
   he ho, vier Piraten,
   wollen in die Ferne.

2. He, dazu noch dreie,
   he, dazu noch dreie,
   he, dazu noch dreie,
   wollen in die Ferne.

3. He, sie sind jetzt sieben,
   he, sie sind jetzt sieben,
   he, sie sind jetzt sieben,
   vier **plus** drei gleich sieben.

2

_____ + _____ = _____

3

_____ + _____ = _____

1 Nachspielen, dabei Zahlen ändern. Piratenlied singen.
2 – **3** Additionsaufgaben schreiben.

1

$4 + 3 =$ _____

2

_____

3

_____

4

_____

5

_____

6

_____

7

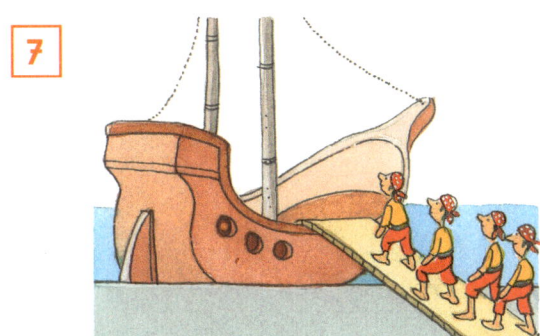

_____

8

_____

$3 + 2 = 5$	Das ist eine Additionsaufgabe.
3 plus 2 ist gleich 5	+ ist das Zeichen für plus.

!

1 – 8 Additionsgeschichten erzählen, dann Additionsaufgaben schreiben.

1
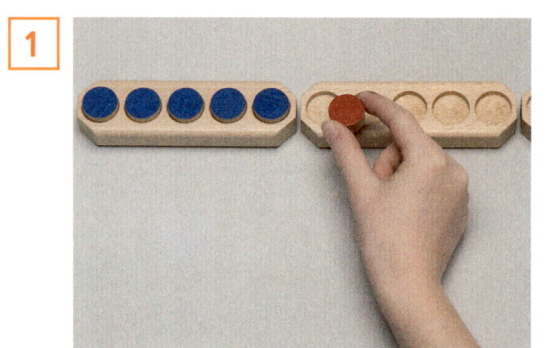

5 + 1 = _____

_____

2

_____

3 

_____   _____

4 

_____   _____

5

4 + 4 = ____   7 + 2 = ____

6

6 + 2 = ____   2 + 5 = ____

7

_____   _____

8

_____   _____

9 5 + 4 = ____   **10** 0 + 3 = ____   **11** 3 + 3 = ____   **12** 2 + 7 = ____

5 + 2 = ____   7 + 2 = ____   8 + 1 = ____   3 + 5 = ____

4 + 2 = ____   4 + 4 = ____   1 + 7 = ____   4 + 3 = ____

2 + 3 = ____   6 + 0 = ____   3 + 6 = ____   1 + 6 = ____

1 – **4** Additionsaufgaben erkennen und aufschreiben. **5** – **6** Additionsaufgaben darstellen und lösen.
7 – **8** Eigene Aufgaben erfinden. **9** – **12** Additionsaufgaben lösen.

1

Ich male noch eins dazu!

4 + 1 = ___
4 + 2 = ___
4 + 3 = ___
4 + 4 = ___
4 + 5 = ___

2

1 + 1 = ___   1 + 4 = ___
1 + 2 = ___   1 + 5 = ___
1 + 3 = ___   1 + 6 = ___

3

2 + 1 = ___   2 + 4 = ___
2 + 2 = ___   2 + 5 = ___
2 + 3 = ___   2 + 6 = ___

4

3 + 0 = ___   3 + 2 = ___   3 + 4 = ___   3 + 6 = ___
3 + 1 = ___   3 + 3 = ___   3 + 5 = ___   3 + 7 = ___

Was fällt dir auf?

5

5 + 0 = ___   5 + 2 = ___   5 + 4 = ___   5 + 6 = ___
5 + 1 = ___   5 + 3 = ___   5 + 5 = ___   5 + 7 = ___

6

6 + 0 = ___   6 + 2 = ___   6 + 4 = ___   6 + 6 = ___
6 + 1 = ___   6 + 3 = ___   6 + 5 = ___   6 + 7 = ___

7 3 + 7   **8** 7 + 0
3 + 6   7 + 1
3 + 5   7 + 2
3 + 4   7 + 3

9 5 + 5   **10** 6 + 4
5 + 4   6 + 3
5 + 3   6 + 2
5 + 2   6 + 1

7)	3 + 7 = 10		8)	7 + 0 =
	3 + 6 = 9			7 + 1 =
	3 + 5 =			7 + 2 =
	3 + 4 =			7 + 3 =
9)	5 + 5 =		10)	6 + 4 =

1 – **6** Plättchen malen und Aufgaben lösen. Gesetzmäßigkeiten entdecken.
7 – **10** Aufgaben lösen. Gesetzmäßigkeiten entdecken.

4 + 2 = _____

Zu jedem Bild eine Additionsgeschichte erzählen und die Additionsaufgabe schreiben.
Nach dieser Seite empfiehlt sich Diagnosetest D5.

0	1	2	3	4	5
+	6	7	8	9	10
−	11	12	13	14	15
=	16	17	18	19	20

∧ + |

Rechengeld-Beilage B (941.201)

Rechengeld-Beilage A (941.200)

Bildquellennachweis: |Bundesministerium der Finanzen, Berlin: Euro-Münzen |© Europäische Zentralbank (EZB), Frankfurt/M.: Euro-Scheine

Wo sind Additionsgeschichten zu sehen? Ein Bild zeichnen und die Additionsaufgabe schreiben.

Aufgabe und Tauschaufgabe

1

4 + 6 = ___

6 + 4 = 10

2

4 + 3 = ___   _____
3 + 4 = ___   _____

3

_____   _____
_____   _____

4

_____   _____
_____   _____

5

_____   _____
_____   _____

6   2 + 7 = ___   3 + 7 = ___   4 + 6 = ___   1 + 7 = ___

   ___ + ___ = ___   ___ + ___ = ___   ___ + ___ = ___   ___ + ___ = ___

7   1 + 8 = ___   2 + 5 = ___   1 + 6 = ___   3 + 5 = ___

   ___ + ___ = ___   ___ + ___ = ___   ___ + ___ = ___   ___ + ___ = ___

!

Summand   Summand

6 + 4 = 10

Summe   Summe

Summanden kann man vertauschen.   6 + 4 = 10
Die Summe bleibt gleich.   4 + 6 = 10

2 – **7** Aufgabe und Tauschaufgabe schreiben.

32

1

2 + 5 = 7

2

3 + 2	2 + 6
1 + 6	4 + 1
3 + 5	5 + 2
7 + 2	1 + 5
3 + 3	3 + 6

3

6 + 1 2 + 5 6 + 3 8 + 1 5 + 1

3 + 4 4 + 2 5 + 4 3 + 3 7 + 0 2 + 7

 3 + 4 / 7

 6

 9

4

4 + 1 = ___	6 + 0 = ___	8 + 1 = ___	3 + 5 = ___
4 + 2 = ___	6 + 1 = ___	8 + 0 = ___	3 + 6 = ___
4 + 3 = ___	6 + 2 = ___	8 + 2 = ___	3 + 7 = ___

5

3 + 4 = ___	1 + 4 = ___	4 + 2 = ___
3 + 6 = ___	1 + 7 = ___	4 + 5 = ___
3 + 3 = ___	1 + 5 = ___	4 + 6 = ___
3 + 7 = ___	1 + 8 = ___	4 + 4 = ___

6

2 + 4 = ___	5 + 5 = ___	6 + 3 = ___	7 + 0 = ___
2 + 6 = ___	5 + 1 = ___	6 + 4 = ___	7 + 1 = ___
2 + 8 = ___	5 + 4 = ___	6 + 2 = ___	7 + 2 = ___
2 + 5 = ___	5 + 3 = ___	6 + 0 = ___	7 + 3 = ___

7 Finde den Fehler.

1 Partnerspiel mit den Zahlenkarten vom 1 bis 6: Ein Kind zeigt zwei Zahlenkarten, das andere Kind nennt die Aufgabe und das Ergebnis. **2** Karten mit gleichem Ergebnis verbinden. **3** Aufgabe mit der passenden Ergebniskiste verbinden. **7** Wahrnehmungsübung.

33

1

4 + ___ = 6

2 + ___ = 6

3 + ___ = 6

2 7

3 + ___ = 7

6 + ___ = 7

5 + ___ = 7

3 8

6 + ___ = 8

4 + ___ = 8

1 + ___ = 8

4

___ + 3 = 5

5

___ + 1 = 5

___ + 5 = 5

___ + 4 = 5

5 8

___ + 5 = 8

___ + 2 = 8

___ + 8 = 8

___ + 3 = 8

6 10

___ + 3 = 10

___ + 6 = 10

___ + 8 = 10

___ + 5 = 10

1 – **6** Fehlende Plättchen malen, fehlende Zahl aufschreiben.

34

1

Ich addiere die Summanden.
6 + 3 = 9

Auf dem Stein darüber steht immer die Summe.

9

6 | 3

2

2 3	1 8	2 4	7 2

3

4 / 2	3 / 1	7 / 7	9 / 4

Vergleiche die Zahlenmauern. Wie geht es weiter?

4

6	6	6	6
5	4	3	

5

 8	8	8	8
8	7		

6

5 1 0   4 1 1   3 1

7

9   10

Zahlenmauern: Benachbarte Zahlen addieren. Die Summe in der Mitte darüber notieren.

4 – **6** Zusammenhang erkennen und nutzen. Folge fortsetzen. **7** Eigene Zahlenmauern schreiben. Nach dieser Seite empfiehlt sich Diagnosetest D6. Kopiervorlage auf DVD Digitale Lehrermaterialien 1 oder als Download

1

_____   _____   _____

2
4 + 0 = ___	5 + 2 = ___
4 + 1 = ___	5 + 3 = ___
4 + 2 = ___	5 + 4 = ___

3
7 + 2 = ___	4 + 3 = ___
4 + 5 = ___	2 + 6 = ___
6 + 2 = ___	1 + 4 = ___

4
8 + 2 = ___	6 + 3 = ___
1 + 7 = ___	2 + 4 = ___
4 + 4 = ___	5 + 5 = ___

5
3 + 0 = ___	2 + 3 = ___
3 + 1 = ___	2 + 4 = ___
3 + 2 = ___	2 + 2 = ___

6

   1 + ___ = 6

   4 + ___ = 6

3 + ___ = 6

7
3 + ___ = 8	2 + ___ = 6
1 + ___ = 5	6 + ___ = 9
2 + ___ = 7	5 + ___ = 9

8

_____   _____

_____   _____

9

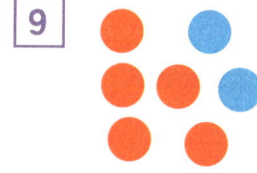   

_____   _____

_____   _____

Smileys zur Selbsteinschätzung nutzen.
6 Fehlende Plättchen malen, fehlende Zahl aufschreiben.   **8** – **9** Aufgabe und Tauschaufgabe schreiben.
Kopiervorlage auf DVD Digitale Lehrermaterialien 1 oder als Download

1

links rechts

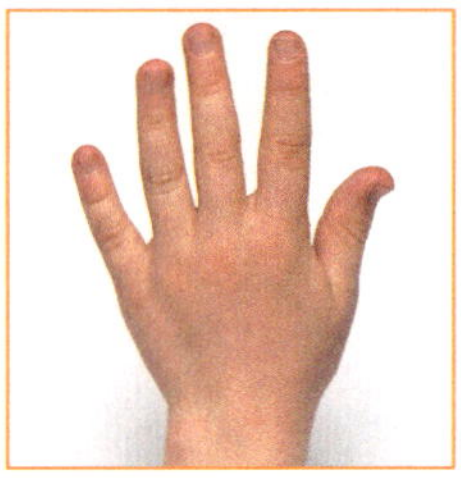

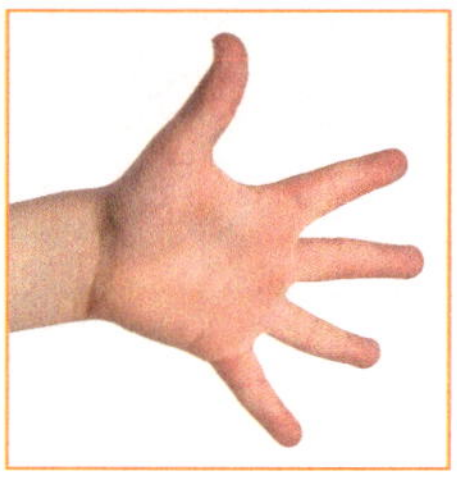

☐ ☐ ☐ ☐

2

☐ ○ ☐   ☐ ○ ☐

3

5 — ☐ — 7 — ☐ — ☐

☐ — ☐ — 3 — ☐ — ☐

4

4 ○ 7   3 ○ 2   10 ○ 8
2 ○ 5   5 ○ 4   7 ○ 7
5 ○ 8   0 ○ 6   7 ○ 5
7 ○ 6   1 ○ 5   9 ○ 1
2 ○ 1   8 ○ 4   11 ○ 8

5

V	Zahl	N
4	5	6
	10	
	8	
	1	
	7	

V	Zahl	N
	3	
		10
		5
2		
8		

6

7

4 5

8

8   6
7   0

9

7   7
  4   1

10

8   9

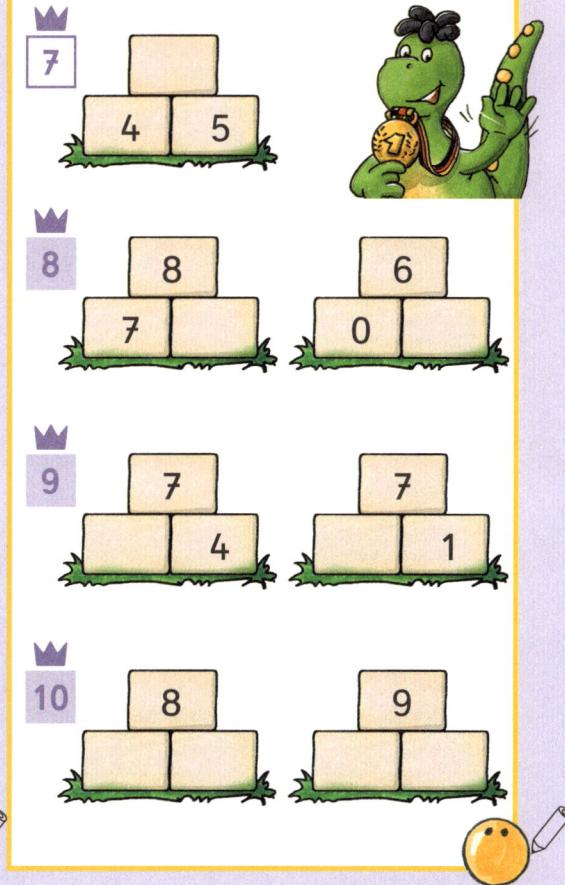

2 Anzahlen eintragen und vergleichen. **3** Fehlende Zahlen eintragen. **4** <, > oder = einsetzen.
5 Vorgänger, Zahl und Nachfolger eintragen. **6** Was passt? Verbinden. **10** Es sind verschiedene Lösungen möglich.

37

Subtrahieren

1

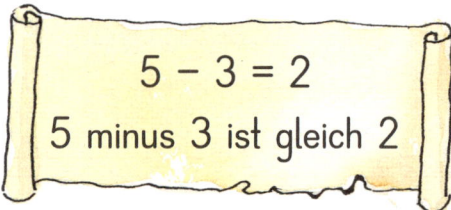

$$5 - 3 = 2$$
5 minus 3 ist gleich 2

5 − 3 = _____

1. He ho, fünf Piraten,
   he ho, fünf Piraten,
   he ho, fünf Piraten,
   wollen in die Ferne.

2. He, drei geh'n von Bord,
   he, drei geh'n von Bord,
   he, drei geh'n von Bord,
   woll'n nicht mehr in die Ferne.

3. He, sie sind noch zweie,
   he, sie sind noch zweie,
   he, sie sind noch zweie,
   fünf **minus** drei gleich zwei.

2

Es waren ____. _____

3

Es waren ____. _____

4

Es waren ____. _____

5

Es waren ____. _____

1 Nachspielen, dabei Zahlen ändern. Piratenlied dazu singen.   **2** – **5** Subtraktionsaufgaben schreiben.

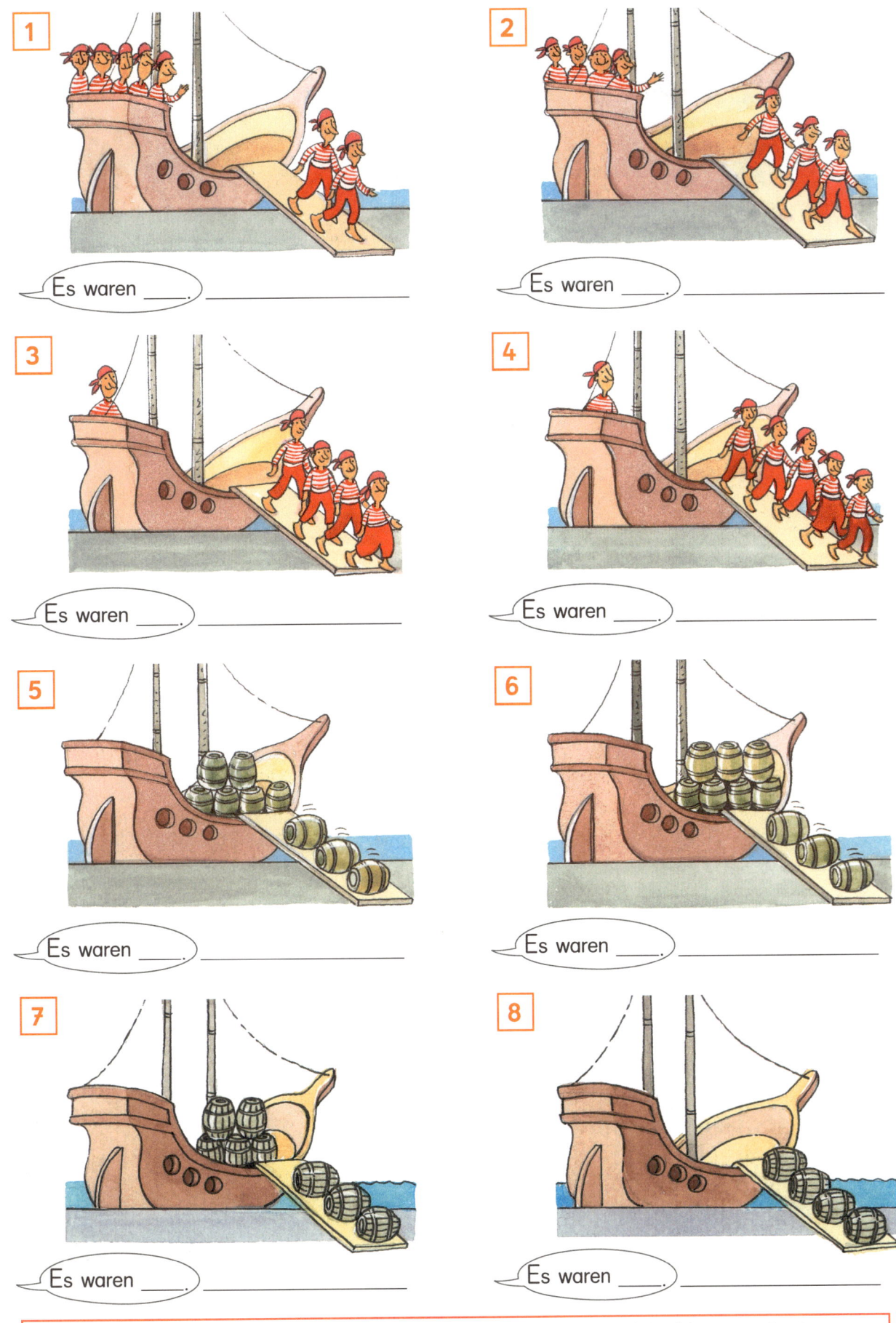

1 Es waren ____. _____

2 Es waren ____. _____

3 Es waren ____. _____

4 Es waren ____. _____

5 Es waren ____. _____

6 Es waren ____. _____

7 Es waren ____. _____

8 Es waren ____. _____

5 − 2 = 3	Das ist eine Subtraktionsaufgabe.
5 minus 2 ist gleich 3	− ist das Zeichen für minus.

1 – 8 Subtraktionsgeschichten erzählen, dann Subtraktionsaufgaben schreiben.

1 Es waren

2 Es waren

3 Es waren

4 Es waren

5 Es waren

6 Es waren

7 Es waren

8 Es waren

9 Es waren

10 Es waren

40

1 – 9 Subtraktionsgeschichten erzählen, dann Subtraktionsaufgaben schreiben.
10 Eigene Subtraktionsgeschichte erfinden, dann Subtraktionsaufgabe schreiben.

1

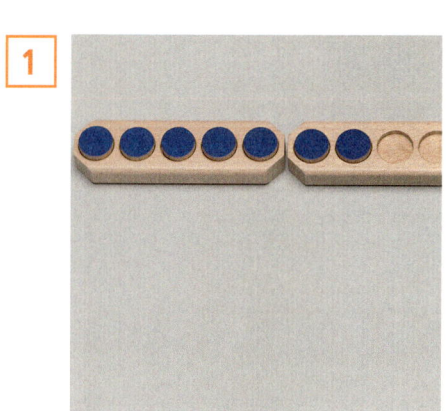  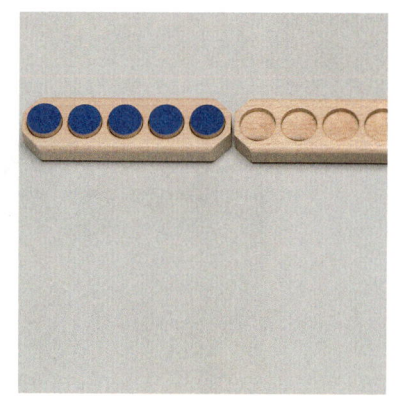

$$7 - 2 = \underline{\hspace{3cm}}$$

2  **3**

$$9 - 3 = \underline{\hspace{3cm}}$$

$$\underline{\hspace{4cm}}$$

4  **5**

$$\underline{\hspace{4cm}}$$ $$\underline{\hspace{4cm}}$$

6 **7**

$$9 - 4 = \underline{\hspace{2cm}}$$ $$8 - 3 = \underline{\hspace{2cm}}$$

8 **9**

$$6 - 5 = \underline{\hspace{2cm}}$$ $$8 - 5 = \underline{\hspace{2cm}}$$

10 **11**

$$5 - 1 = \underline{\hspace{2cm}}$$ $$5 - 3 = \underline{\hspace{2cm}}$$

12 Links (l) oder rechts (r)?

W

1 Nachspielen: Einer legt 7 Plättchen, der Nachbar nimmt 2 weg. Zahlen ändern, Subtraktionsaufgabe schreiben.
2 – **5** Subtraktionsaufgaben schreiben. **6** – **11** Plättchen wegstreichen, Ergebnis schreiben.
Nach dieser Seite empfiehlt sich Diagnosetest D7.

1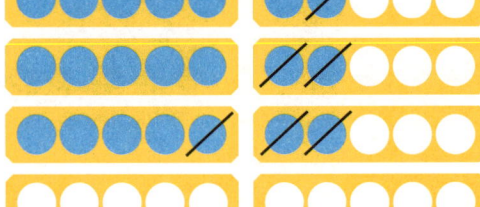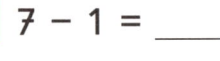

7 − 1 = ___
7 − 2 = ___
7 − 3 = ___
7 − 4 = ___
7 − 5 = ___
7 − 6 = ___

2

8 − 1 = ___   8 − 4 = ___
8 − 2 = ___   8 − 5 = ___
8 − 3 = ___   8 − 6 = ___

3

6 − 1 = ___   6 − 4 = ___
6 − 2 = ___   6 − 5 = ___
6 − 3 = ___   6 − 6 = ___

4

10 − 1 = ___   10 − 4 = ___
10 − 2 = ___   10 − 5 = ___
10 − 3 = ___   10 − 6 = ___

5

9 − 1 = ___   9 − 4 = ___
9 − 2 = ___   9 − 5 = ___
9 − 3 = ___   9 − 6 = ___

6

8 − 5 = ___
8 − 6 = ___
8 − 7 = ___
_____

10 − 6 = ___
10 − 7 = ___
10 − 8 = ___
_____

9 − 6 = ___
9 − 7 = ___
9 − 8 = ___
_____

7 − 4 = ___
7 − 5 = ___
7 − 6 = ___
_____

7 Wie viele Würfel sind es?

 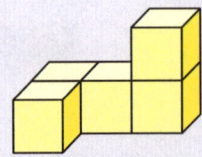 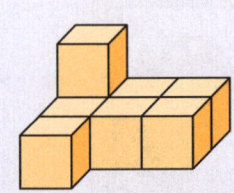 

___   ___   ___   ___

1 – **5** Gesetzmäßigkeiten entdecken.   **6** Gesetzmäßigkeiten entdecken. Folgen fortsetzen.

1

10 – 2	8 – 3	9 – 5
10 – 5	6 – 2	10 – 7
9 – 3	9 – 1	10 – 4
9 – 0	9 – 4	6 – 3

1)

10 – 2 = 8		8 – 3 =
10 – 5 =		=
9 – 3 =		=
9 – 0 =		=

2

7 – 6	6 – 6	8 – 0	5 – 1	10 – 0
5 – 2	7 – 3	5 – 4	9 – 6	8 – 4
3 – 1	4 – 1	3 – 3	8 – 8	7 – 1
8 – 4	9 – 4	7 – 2	7 – 5	2 – 1

3

2 – 2 = _____	4 – 4 = _____	0 – 0 = _____	7 – 6 = _____
3 – 2 = _____	5 – 4 = _____	1 – 0 = _____	8 – 6 = _____
4 – 2 = _____	6 – 4 = _____	2 – 0 = _____	9 – 6 = _____
_____	_____	_____	_____

4

8 – 2 = _____	6 – 3 = _____	7 – 1 = _____	5 – 0 = _____
8 – 3 = _____	6 – 4 = _____	7 – 2 = _____	5 – 1 = _____
8 – 4 = _____	6 – 5 = _____	7 – 3 = _____	5 – 2 = _____
_____	_____	_____	_____

5

5 – 5	9 – 9	6 – 0	0 – 0	10 – 9
5 – 0	8 – 7	6 – 1	10 – 10	1 – 0
5 – 1	9 – 0	6 – 6	10 – 1	10 – 0

6 Finde Zerlegungen zur 10.

___ ___ ___   ___ ___ ___   ___ ___ ___   ___ ___ ___   ___ ___ ___

3 – **4** Gesetzmäßigkeiten entdecken. Folgen fortsetzen. **6** Zerlegungen zur Zehn finden. Plättchen malen und Zerlegung aufschreiben.

43

4 – 2 = _____

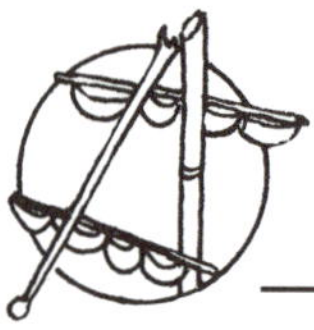

_____

_____

_____

_____

_____

_____

_____

_____

Zu jedem Bild eine Subtraktionsgeschichte erzählen und die Subtraktionsaufgabe schreiben.

Wo sind Subtraktionsgeschichten zu sehen? Ein Bild zeichnen und die Subtraktionsaufgabe schreiben.

45

1

9 – 7 = ____
9 – 3 = ____
9 – 4 = ____
9 – 5 = ____
9 – 6 = ____
9 – 8 = ____

2

7 – 2 = ____
7 – 1 = ____
7 – 3 = ____
7 – 6 = ____
7 – 4 = ____
7 – 5 = ____

3

8 – 7 = ____
8 – 6 = ____
8 – 4 = ____
8 – 5 = ____
8 – 2 = ____
8 – 3 = ____

4

9 – 8 = ____
10 – 5 = ____
7 – 1 = ____
8 – 4 = ____
5 – 2 = ____
2 – 0 = ____

5

6 – 6 = ____
10 – 5 = ____
3 – 1 = ____
6 – 0 = ____
7 – 4 = ____
4 – 3 = ____

6

4 – 0 – 2 = ____
7 – 4 – 2 = ____
10 – 1 – 1 = ____
8 – 3 – 2 = ____
6 – 5 – 1 = ____
9 – 3 – 0 = ____

Immer zwei Schiffe sehen gleich aus.

Ich rechne 8 – 3.

8 3

8 3
5

Das ist nicht lösbar.

3 8 (durchgestrichen)

1
9 4

7 2

6 5

8 7

2
7 3

3 1

9 6

6 2

3
9 0

4 4

5 7

7 5

4
9 5

6 6

9 7

5 9

5

Minustrauben: Benachbarte Zahlen von links nach rechts subtrahieren. Die Differenz in die Mitte darunter schreiben.
3 – **4** Jeweils eine Traube ist nicht lösbar. Durchstreichen. **5** Eigene Minustrauben erfinden. Nach dieser Seite empfiehlt sich Diagnosetest D8. Kopiervorlage auf DVD Digitale Lehrermaterialien 1 oder als Download

Ebene Figuren

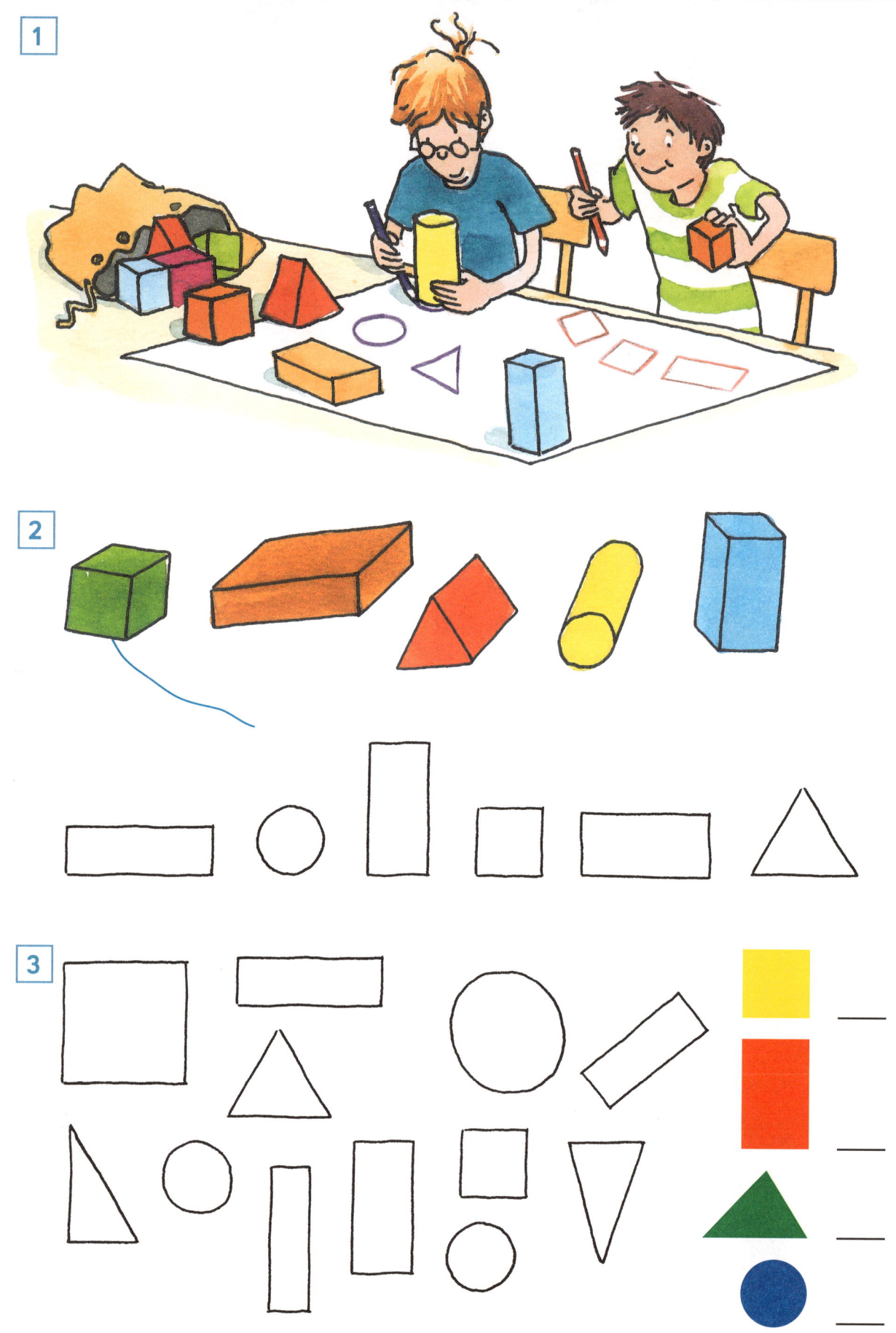

1 Mit Hilfe von Körpern als Schablone Flächen zeichnen. 2 Körper mit Flächen verbinden.
3 Flächen färben und zählen.

1

2

   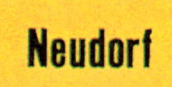   

3

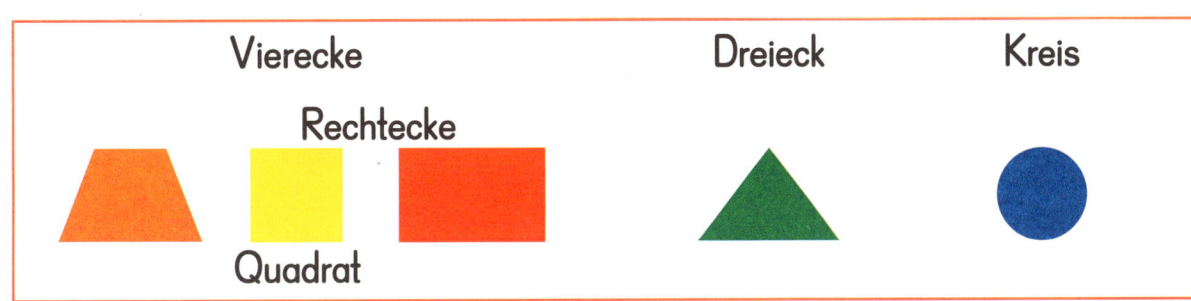

Vierecke   Dreieck   Kreis

Rechtecke

Quadrat

1 Vierecke, Dreiecke und Kreise entdecken. **2** Form angeben.
3 Form erkennen und mit der passenden Farbe aus dem Merkkasten ankreuzen.

1

2

1

3 **Eigene Schlange**

Ein Kind hat gelbe
geometrische Formen,
das andere Kind rote.
Immer abwechselnd
eine Form anlegen.

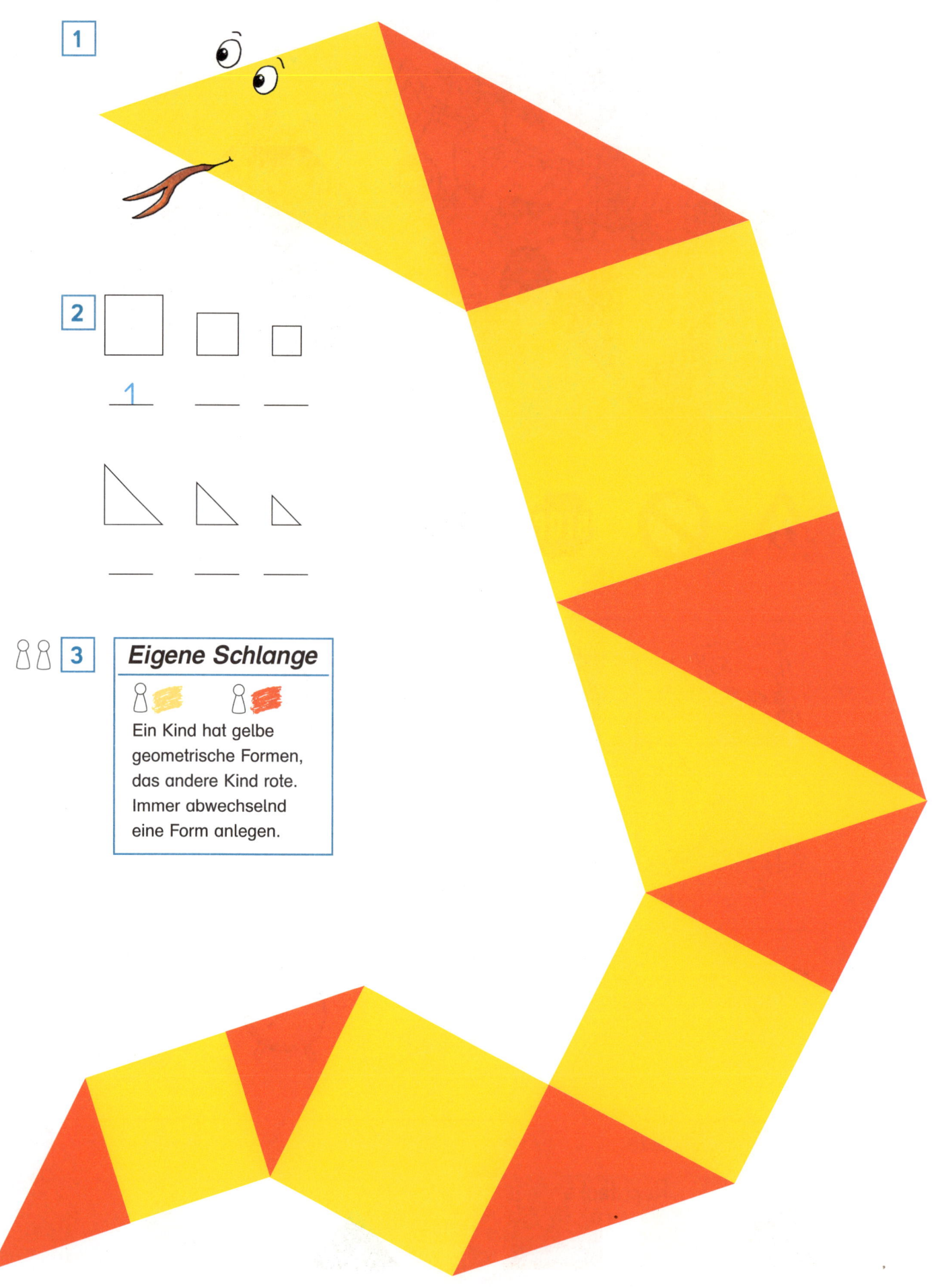

50   **1** Schlange mit Formen auslegen.   **2** Anzahl der Formen in der Schlange bestimmen.

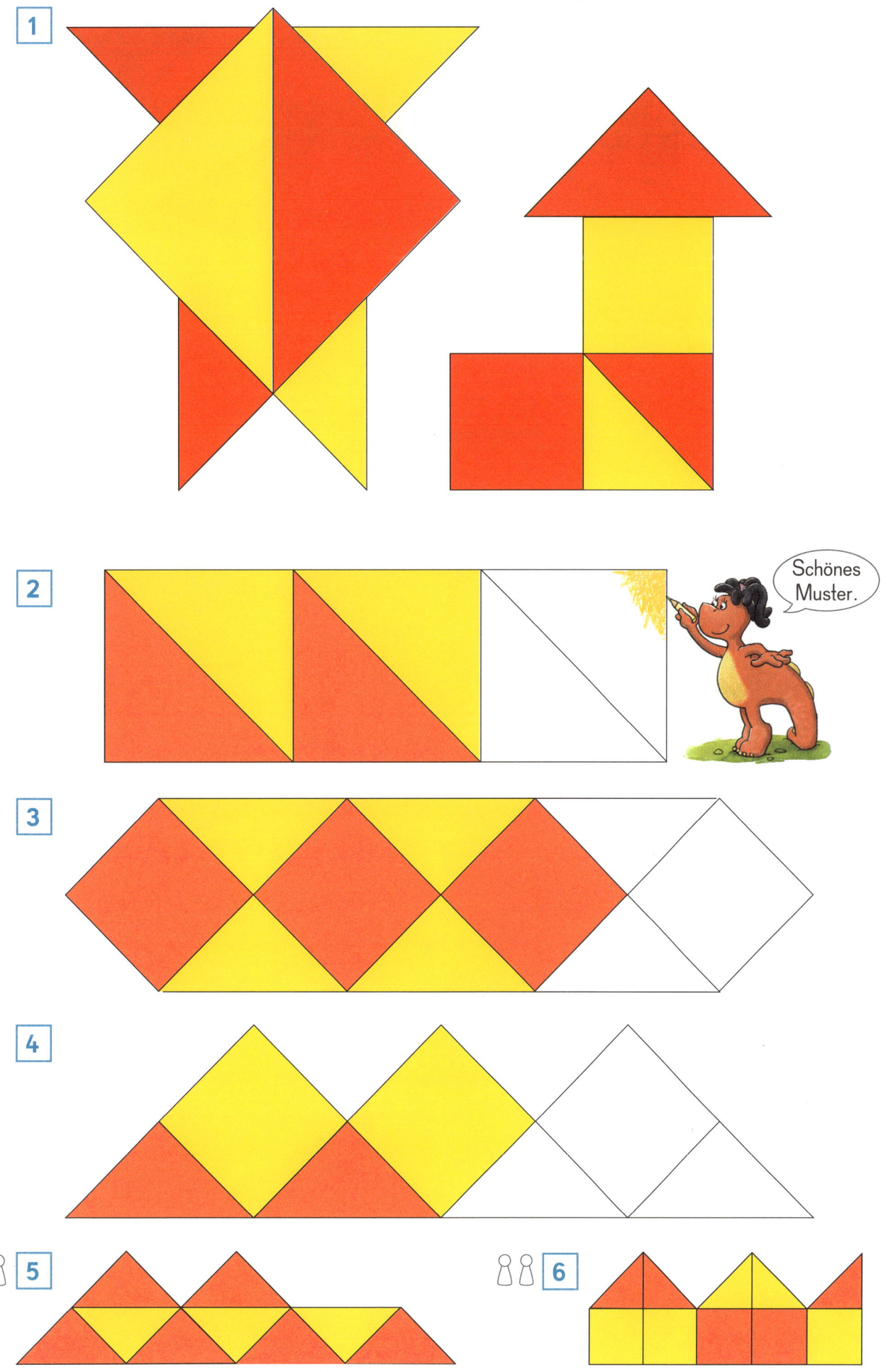

Schönes
Muster.

1 Figuren mit Formen nachlegen. 2 – 4 Erst nachlegen, dann ausmalen.
5 – 6 Ein Kind legt nach, das andere legt weiter.

1

— — —

— — —

zusammen ___

2

— — —

— — —

zusammen ___

3 4 + 3 = ___

7 + 2 = ___

6 + 4 = ___

5 + 3 = ___

4 8 + 2 = ___

5 + 4 = ___

4 + 2 = ___

6 + 3 = ___

5 6 − 3 = ___

9 − 4 = ___

8 − 2 = ___

10 − 5 = ___

6 5 − 3 = ___

8 − 4 = ___

7 − 2 = ___

5 − 5 = ___

1 – **2** Häuser unterschiedlich auslegen. Anzahl der Formen aufschreiben. Es sind mehrere Lösungen möglich.

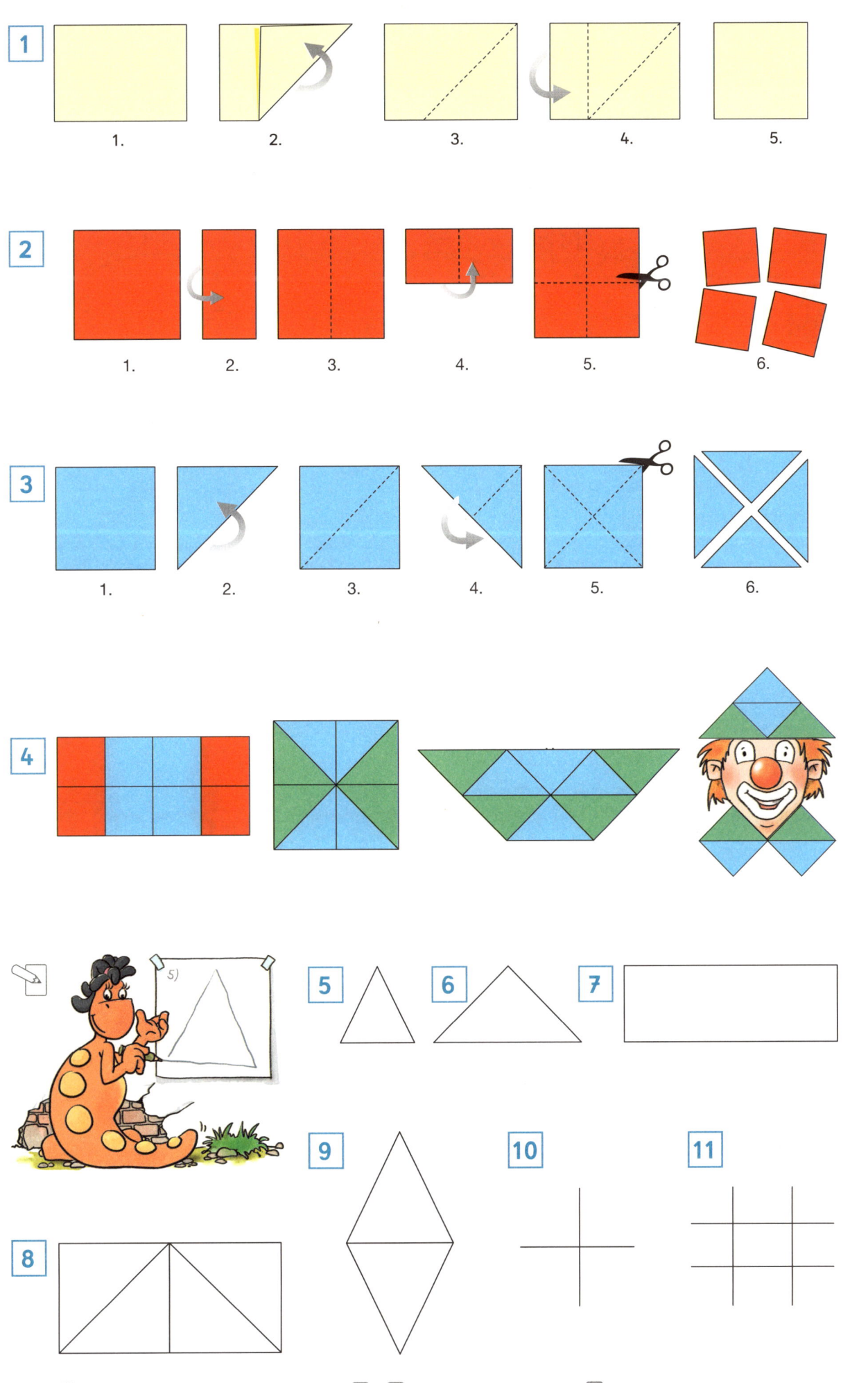

1 Aus einem Rechteck ein Quadrat falten. 2 – 3 Falten und zerschneiden. 4 Muster nachlegen.
5 – 11 Figuren aus freier Hand in das Heft zeichnen.
Nach dieser Seite empfiehlt sich Diagnosetest D9.

53

Addieren und Subtrahieren

Vorwärts am Rechenstrich

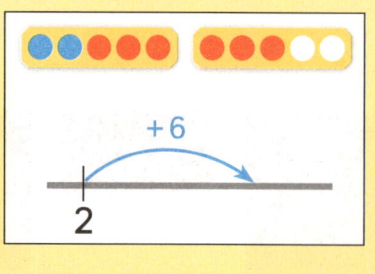

2

2 + 6

2 + 6 = 8

1

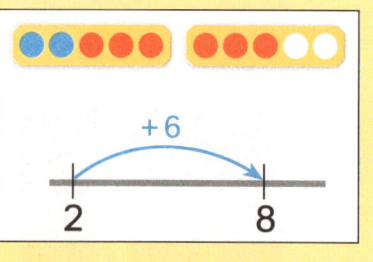

6 + 3 = ___

5 + 3 = ___

4 + 5 =

2   2 + 4 = ___   7 + 2 = ___   1 + 8 = ___   6 + 4 = ___

3 + 7 = ___   4 + 4 = ___   5 + 4 = ___   4 + 3 = ___

Rückwärts am Rechenstrich

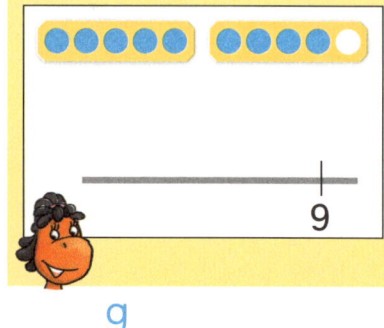

9

9 − 6

9 − 6 = 3

3

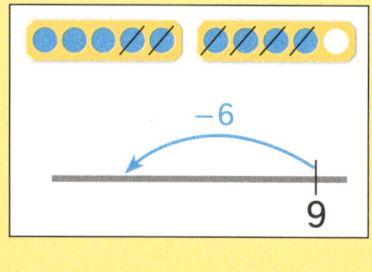

6 − 3 = ___

5 − 3 = ___

9 − 2 = ___

4   8 − 3 = ___   7 − 2 = ___   8 − 7 = ___   7 − 4 = ___

10 − 7 = ___   6 − 4 = ___   9 − 5 = ___   8 − 6 = ___

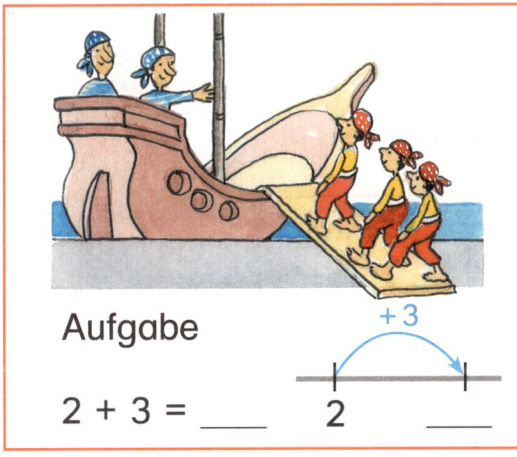

Aufgabe

2 + 3 = ____   2 ____

Umkehraufgabe

5 − 3 = ____   ____ 5

1 5 + 3 = ____
8 − 3 = ____   5 ____

2 4 + 2 = ____
6 − 2 = ____   4 ____

3 6 + 2 = ____
8 − 2 = ____   6 ____

4 4 + 3 = ____
_____   4 ____

5 ____ + 3 = 9
9 − 3 = ____   ____ 9

6 ____ + 7 = 9
9 − 7 = ____   ____ 9

7 ____ + 2 = 7
_____   ____ 7

8 ____ + 4 = 6
_____   6

9 ____ − 3 = 4
_____   4 ____

10 ____ − 3 = 6
_____   6 ____

11 ____ − 2 = 7
_____   7 ____

12 ____ − 4 = 4
_____   4

5 + 3 = 8   und   8 − 3 = 5 sind Umkehraufgaben.

Pluminchen

1

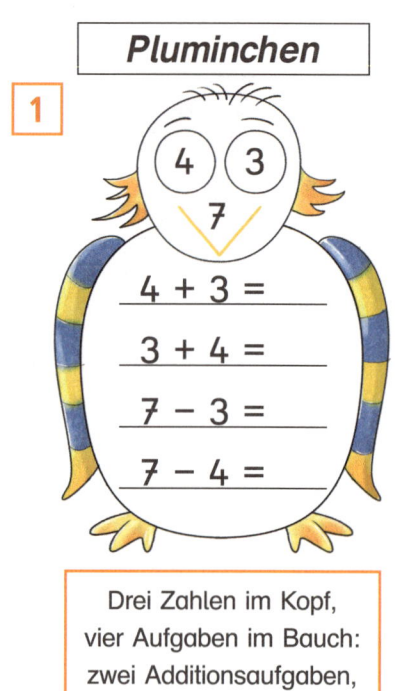

4
3
7
4 + 3 =
3 + 4 =
7 − 3 =
7 − 4 =

Drei Zahlen im Kopf,
vier Aufgaben im Bauch:
zwei Additionsaufgaben,
zwei Subtraktionsaufgaben.

4 + 3
3 + 4
7 − 3
7 − 4

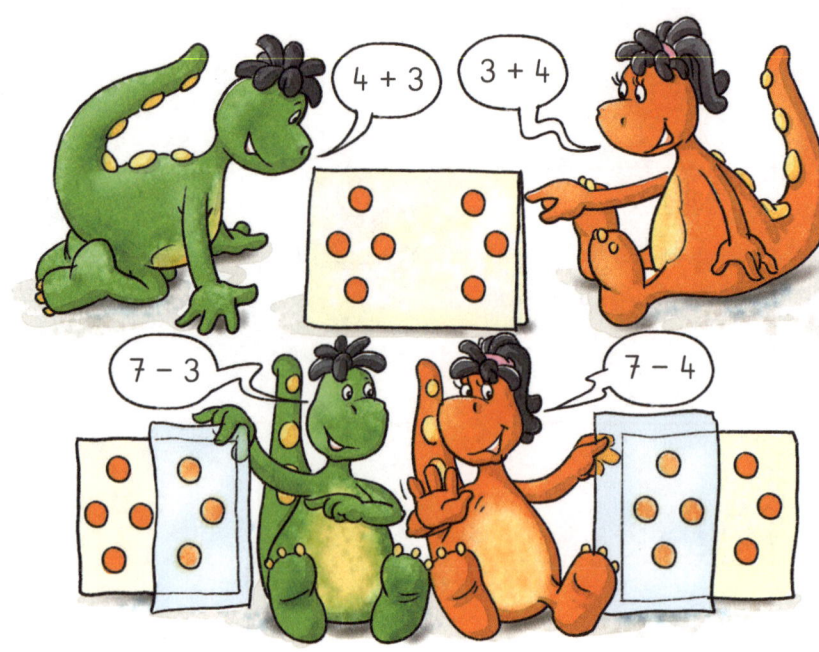

Plumino

2

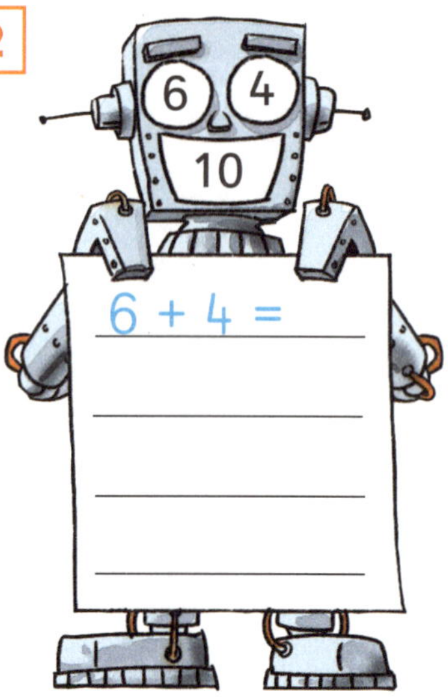

6
4
10
6 + 4 =

3

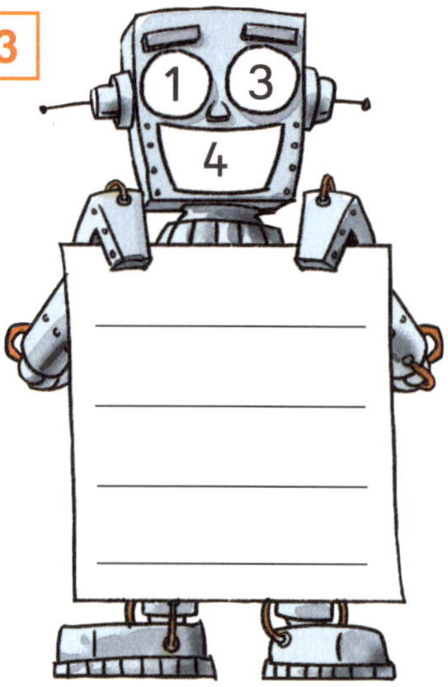

1
3
4

4

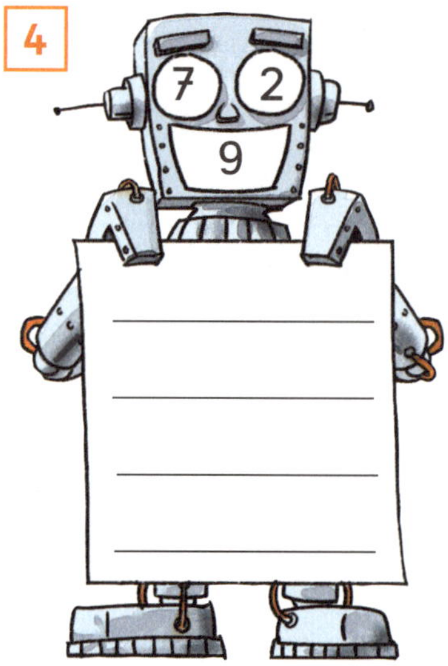

7
2
9

5

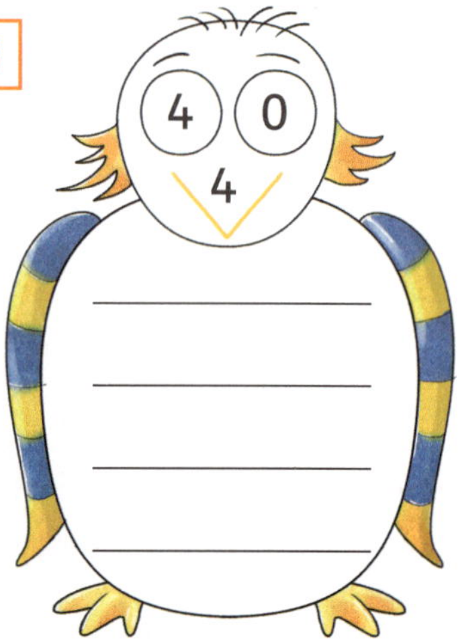

4
0
4

6

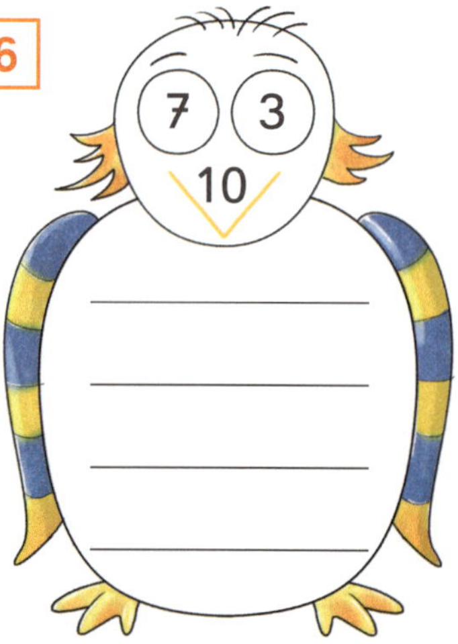

7
3
10

7

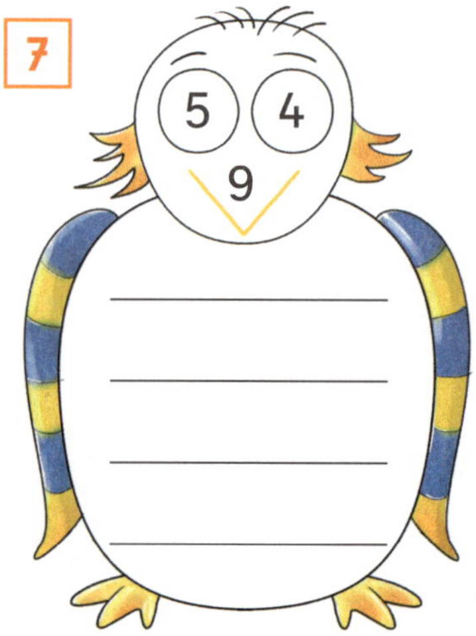

5
4
9

Pluminchen und Plumino: Aufgabe und Tauschaufgabe, dazu die Umkehraufgaben.

1 6 3

2 3 5

3 2 3

4 3 7

5 6 8

6

7 4 4

8 3 3

9

6 Eigenen Plumino erfinden. **9** Eigenes Pluminchen erfinden.
Nach dieser Seite empfiehlt sich Diagnosetest D10.

57

1

2

	und	aus	ut
H	Hund		
M			

3

	olle	and	ind
W			
R			

4

+	3	4	2
4	7	8	
6			

4 + 2

5

+	6	1	5
3			
4			

6

+	3	5	6
2			
4			

7

+	7	5	6
3			
2			

8

+			
3			
0			

9

−	1	3	2
7	6	4	
9			

10

−	5	3	0
10			
5			

11

−			
9			
10			

58

1 Passenden Hut und Brille oder Hut und Augenklappe malen. **2** – **3** Wörter passend zusammensetzen.
8, **11** Eigene Aufgaben: Selbst Zahlen einsetzen und rechnen.

1

+	0	1	2	3	4	5	6	7	8	9	10
0	0 + 0	0 + 1	0 + 2	0 + 3	0 + 4	0 + 5					0 + 10
1	1 + 0	1 + 1	1 + 2	1 + 3	1 + 4				1 + 8		
2	2 + 0	2 + 1	2 + 2	2 + 3		2 + 5					
3	3 + 0	3 + 1	3 + 2								
4	4 + 0	4 + 1									
5	5 + 0										
6					6 + 4						
7		7 + 2									
8											
9											
10											

Diese Grundaufgaben musst du auswendig können.

2

+	6	7	8
1	7		
2			

___ + 5 = 6

3

+	2	3	4
5			
6			

4

+	4	5	6
3			
4			

5

+	5	6	7
		6	
2			

6

+	0	1	2
			9
8			

7

+	3	6
1		
4		9

8

+		3	0
7			
5	7		

9

+	2		4
4		5	
		7	

1 In die 1 + 1-Tafel alle Additionsaufgaben schreiben.
2 – 9 Tabelle ausrechnen.

Geld

1

3 €

€

€

2

€

€

€

3

€

€

€

1 – 3 Rechengeschichten zum Einkaufen erzählen. Preis eintragen, Münzen und Scheine legen und zeichnen.

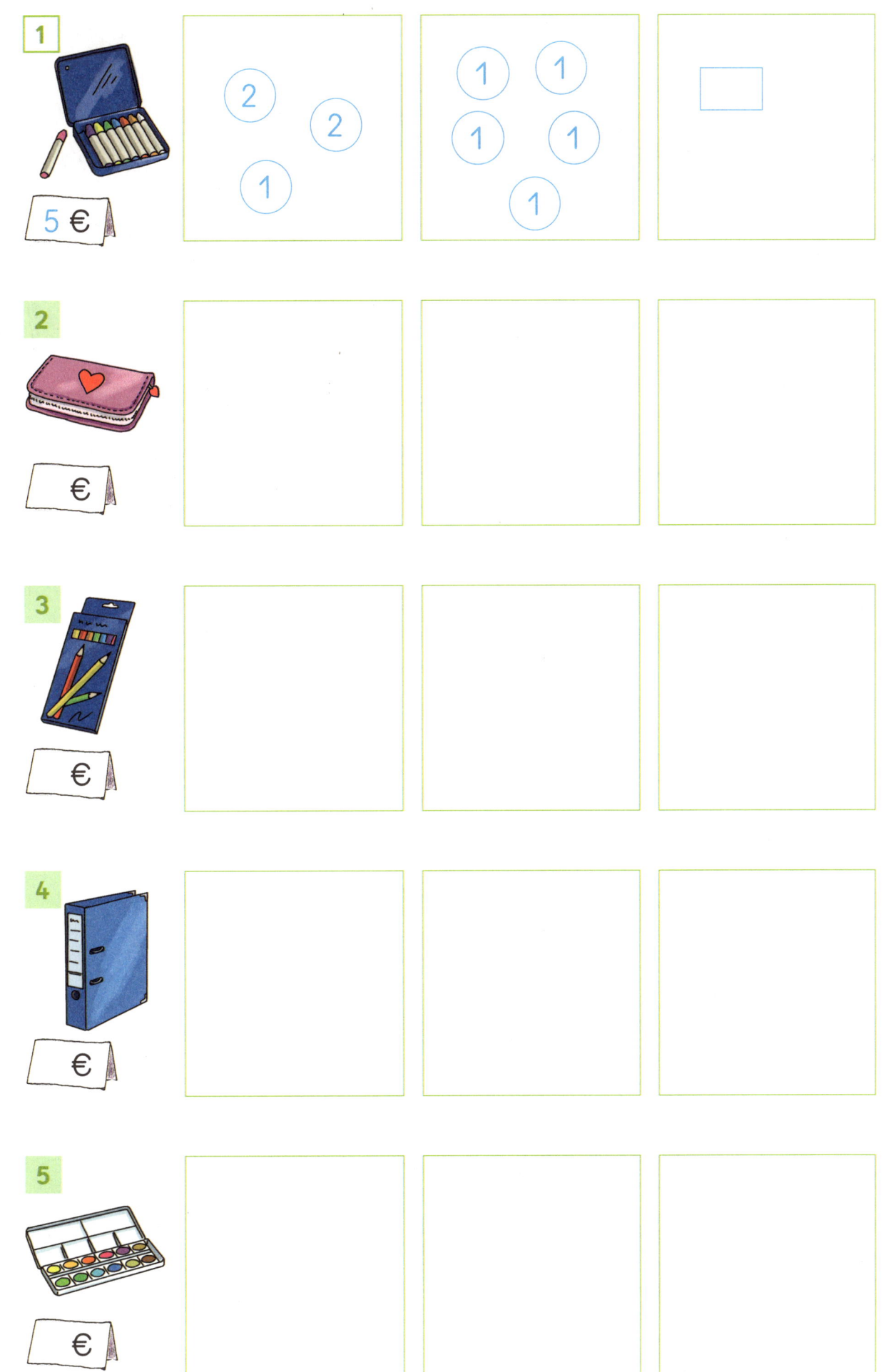

1 5 €

2 €

3 €

4 €

5 €

2 – 5 Preis eintragen. Verschiedene Möglichkeiten für den Preis legen und zeichnen.

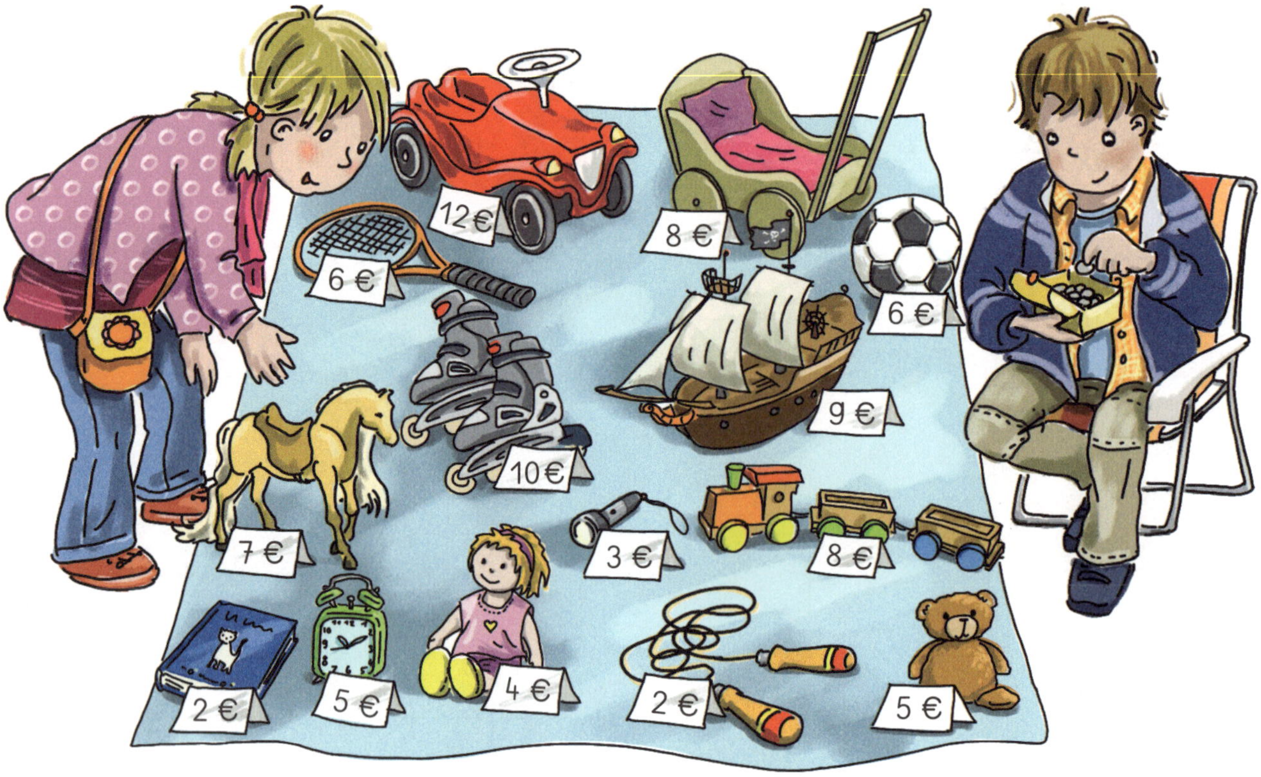

Flohmarkt

12 €

6 €

8 €

6 €

9 €

10 €

7 €

3 €

8 €

2 €

5 €

4 €

2 €

5 €

1

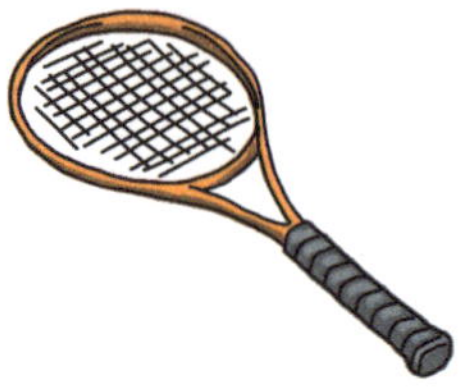

6 €

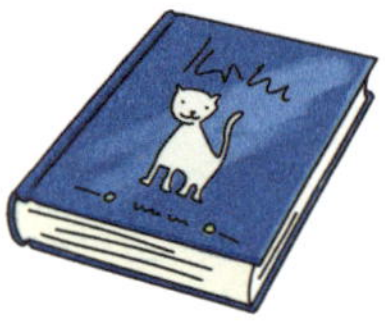

2 €

5	2
1	

Zusammen
_____ €.

2

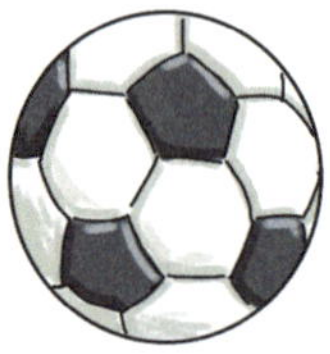

€

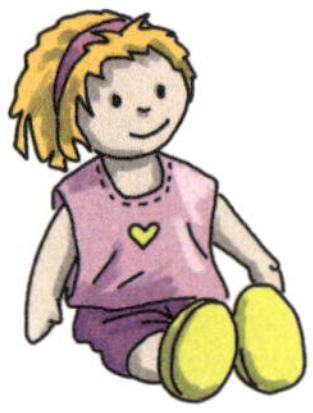

€

Zusammen
_____ €.

W **3**

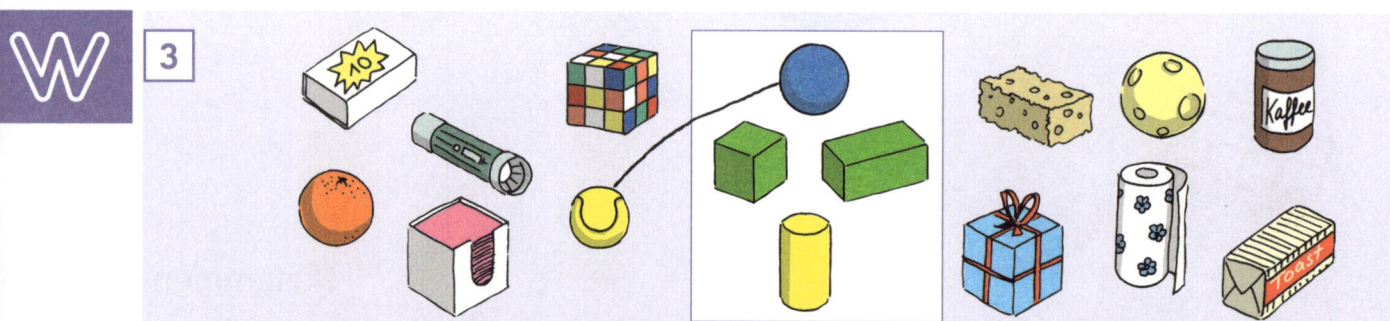

1 – **2** Preise eintragen, legen und zeichnen. Gesamtpreis ermitteln und eintragen.
3 Gegenstände den Körpern zuordnen und verbinden.

1

_____ €   _____ €

Zusammen
_____ €.

2

_____ €   _____ €

Zusammen
_____ €.

3

_____ €   _____ €

Zusammen
_____ €.

4

_____ €   _____ €

Zusammen
_____ €.

5

_____ €   _____ €

Zusammen
_____ €.

6

_____ €   _____ €

Zusammen
_____ €.

1 – 6 Preise eintragen, legen und zeichnen. Gesamtpreis ermitteln und eintragen.
Nach dieser Seite empfiehlt sich Diagnosetest D11.

1

Es waren
___. _____

Es waren
___. _____

Es waren
___. _____

2

8 − 3 = ___   8 − 5 = ___

7 − 1 = ___   7 − 6 = ___

9 − 5 = ___   9 − 7 = ___

4

7 − 5 = ____

7 − 4 = ____

7 − 3 = ____

_____

6 − 4 = ____

6 − 3 = ____

6 − 2 = ____

_____

3

5 − 4 = ___   10 − 7 = ___

9 − 0 = ___   10 − 9 = ___

6 − 3 = ___   10 − 4 = ___

5 Wie heißen die Formen?
Verbinde.

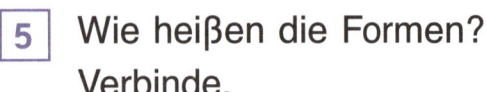

| Kreis |
| Quadrat |
| Dreieck |

6

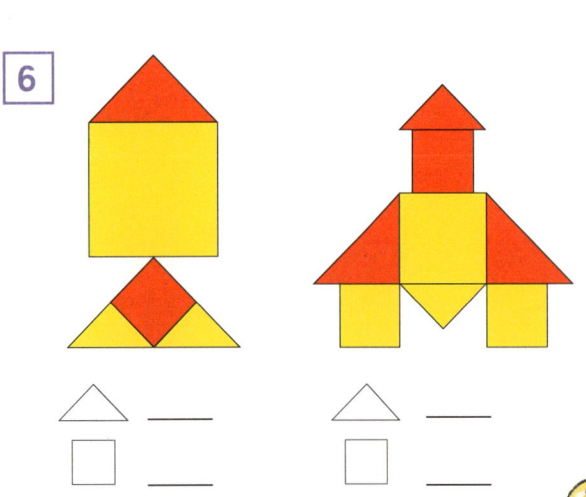

△ _____   △ _____

☐ _____   ☐ _____

7 Aufgabe und Umkehraufgabe

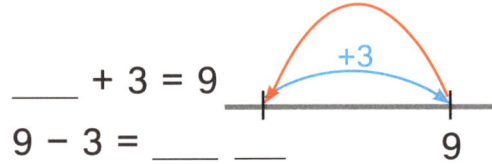

6 + 2 = ___

8 − 2 = ___   6 _____ ___

___ + 3 = 9

9 − 3 = ___ ___   _____ 9

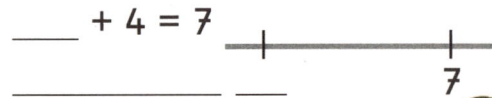

___ + 4 = 7

_____ 7

1 Subtraktionsgeschichten schreiben. **4** Aufgabenfolgen fortsetzen. **6** Anzahl der Formen eintragen.
Kopiervorlage auf DVD Digitale Lehrermaterialien 1 oder als Download

1 < , > oder = . Setze ein.

      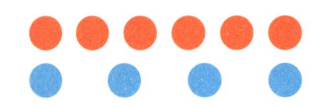

___ ___   ___ ___   ___ ___

2 < , > oder = . Setze ein.

5 ◯ 10   8 ◯ 8   2 ◯ 0   6 ◯ 10   10 ◯ 9

8 ◯ 4   7 ◯ 9   4 ◯ 10   9 ◯ 8   4 ◯ 5

3
1 + 9 = ___   2 + 7 = ___   4 + 6 = ___   5 + 1 = ___

9 + 1 = ___   7 + 2 = ___   _____   _____

4
3 + 7 = ___   1 + 4 = ___

8 + 0 = ___   6 + 2 = ___

4 + 4 = ___   0 + 9 = ___

3 + 6 = ___   5 + 5 = ___

5 👑

2 + 3 = ____   3 + 3 = ____

2 + 4 = ____   3 + 4 = ____

2 + 5 = ____   3 + 5 = ____

_____   _____

6

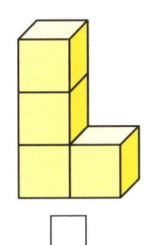
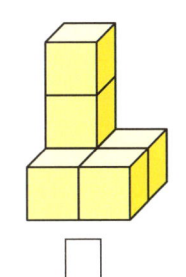
□   □

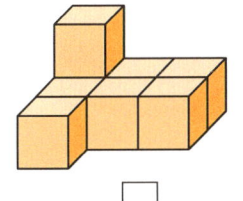
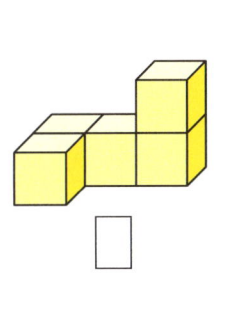
□   □

7 👑
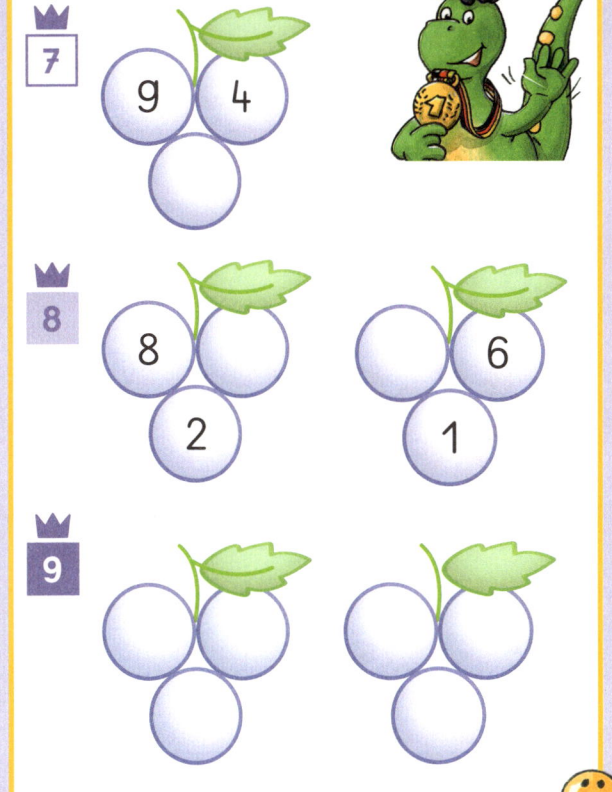

g   4

8 👑

8 ◯ 2   6 ◯ 1

9 👑

3 Aufgabe und Tauschaufgabe lösen.   **5** Aufgabenfolgen fortsetzen. Gesetzmäßigkeiten entdecken.
6 Anzahl der Würfel eintragen.   **7** – **8** Minustrauben.   **9** Eigene Minustrauben erfinden.

65

Zahlen bis 20

1

| 11 | 12 | 13 | 14 | 15 |

2

Zehner	Einer
1	
10 +	

Zehner	Einer

3

Zehner	Einer

Zehner	Einer

4

Zehner	Einer

Zehner	Einer

5

Zehner	Einer

Zehner	Einer

2 – 5 Immer zehn Plättchen zusammenfassen, dann Zehner, Einer und Gesamtzahl eintragen.

1

16 17 18 19 20

2

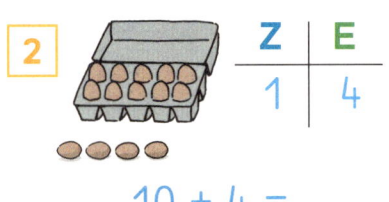

	Z	E
	1	4

10 + 4 = _____

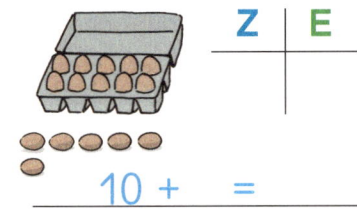

	Z	E

10 + ____ = _____

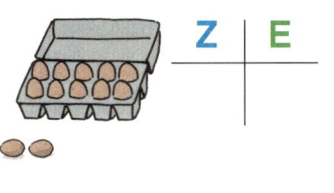

	Z	E

_____

3

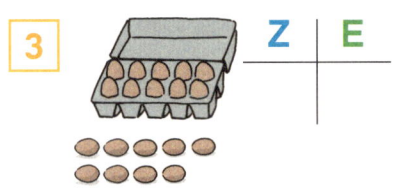

	Z	E

_____

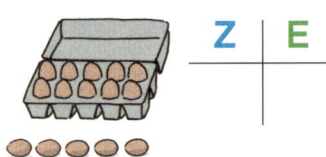

	Z	E

_____

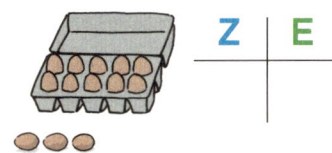

	Z	E

_____

4

	Z	E

10 + 6 = _____

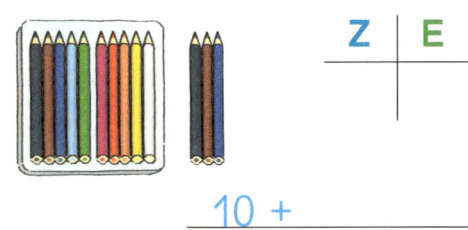

	Z	E

10 + _____

5

	Z	E

_____

	Z	E

_____

6

10 + 3 = ____   10 + 1 = ____   10 + 0 = ____   10 + 5 = ____

10 + 7 = ____   10 + 8 = ____   10 + 4 = ____   10 + 6 = ____

2 – **5** Zehner und Einer eintragen, dann Additionsaufgabe schreiben.

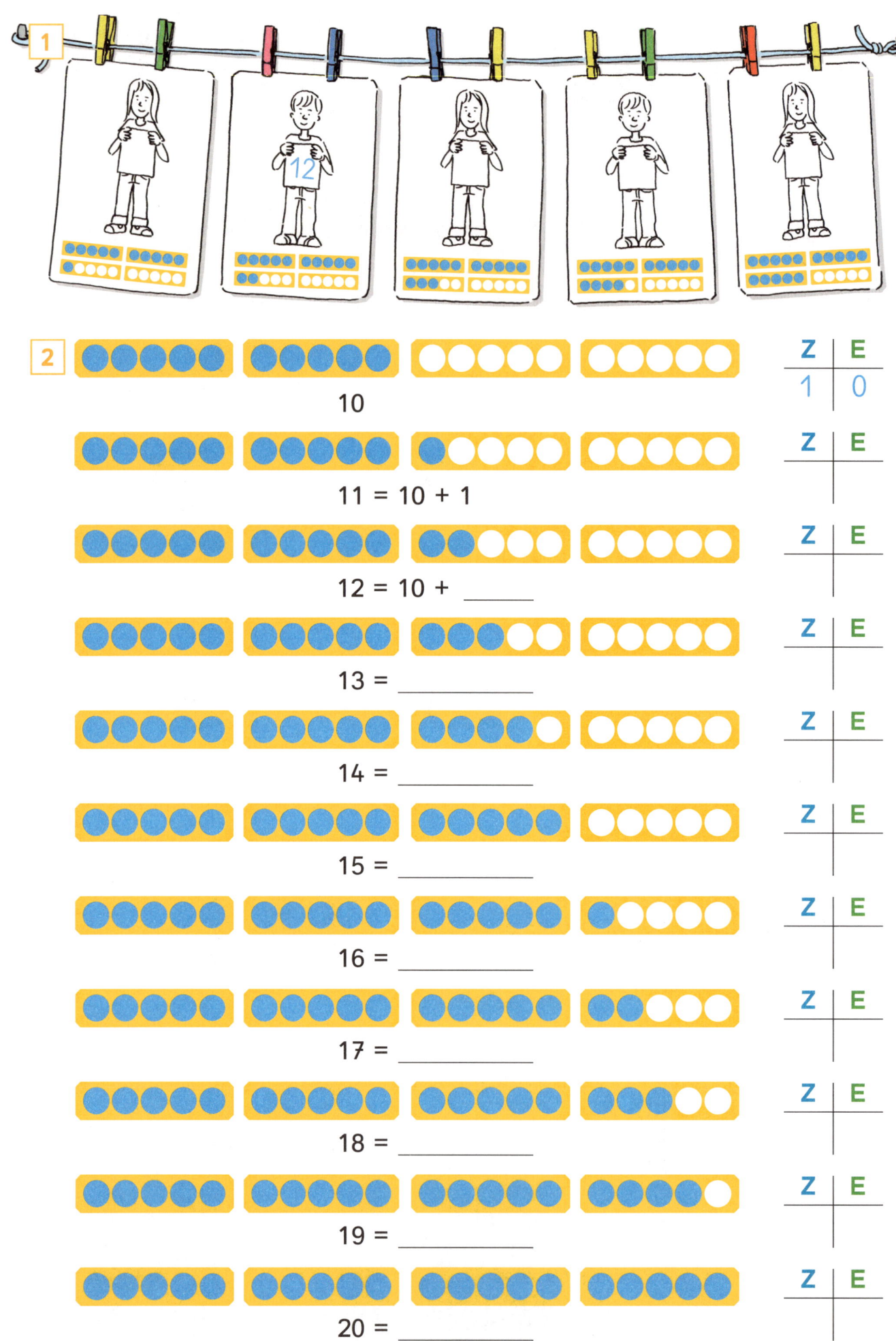

	Z	E
10	1	0
11 = 10 + 1	Z	E
12 = 10 + _____	Z	E
13 = _____	Z	E
14 = _____	Z	E
15 = _____	Z	E
16 = _____	Z	E
17 = _____	Z	E
18 = _____	Z	E
19 = _____	Z	E
20 = _____	Z	E

1 Fehlende Zahlen eintragen. **2** Die Zahlen von 11 bis 20 aus Zehnern und Einern bilden.
Zahlen in Stellentafel eintragen, Zerlegungen bilden.

Zerlegen im Zahlenraum bis 20

1

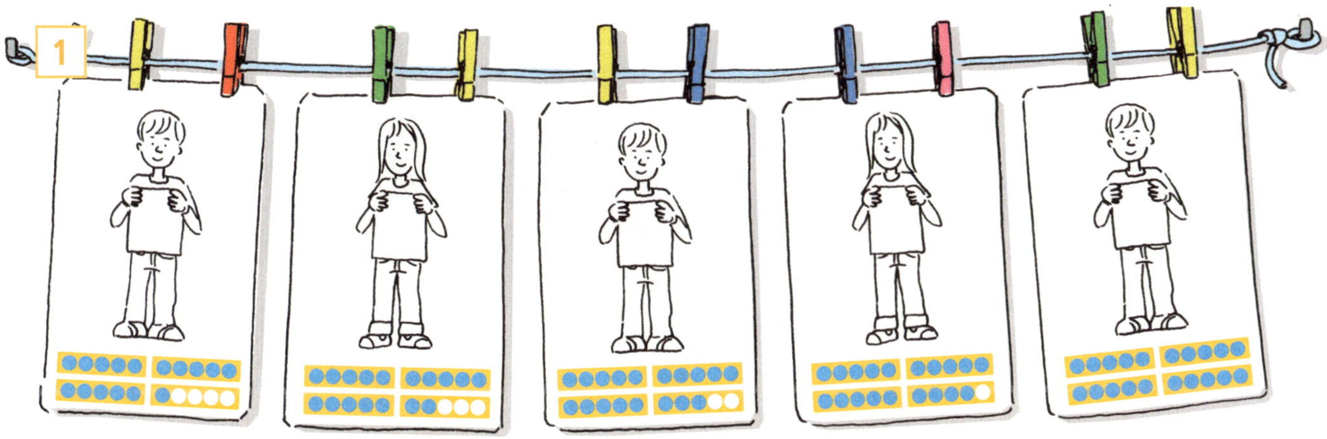

2

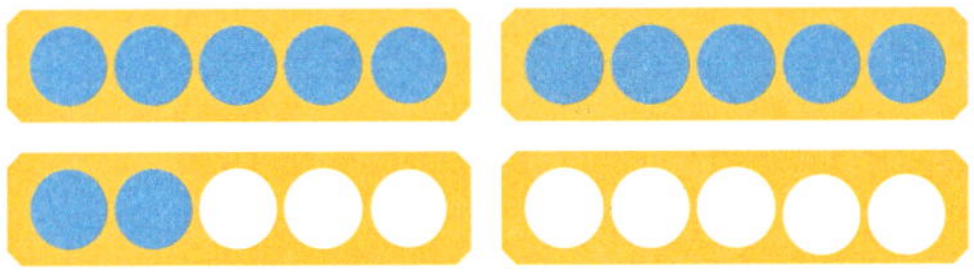

12

10 + 2

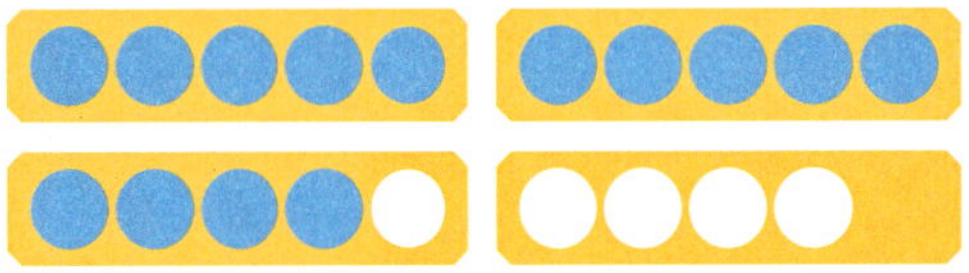

3

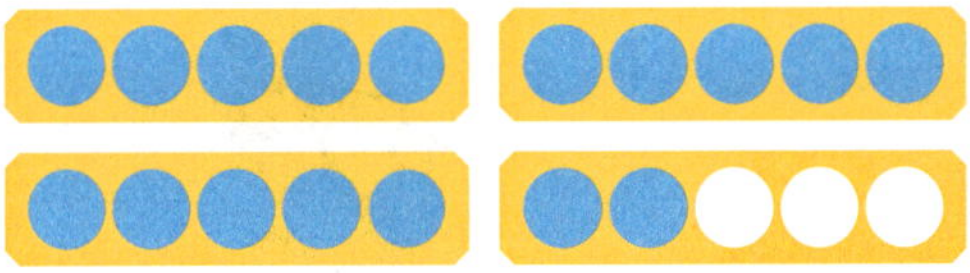

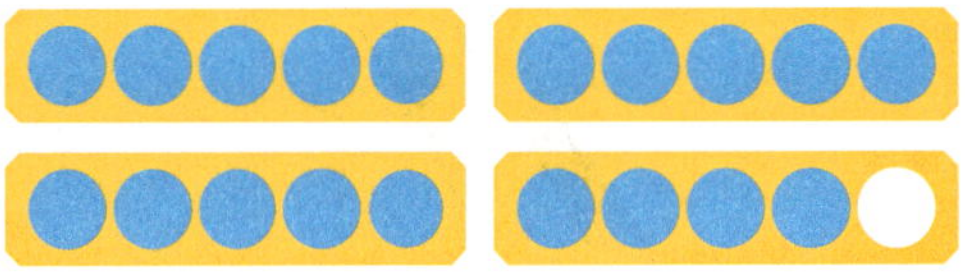

4

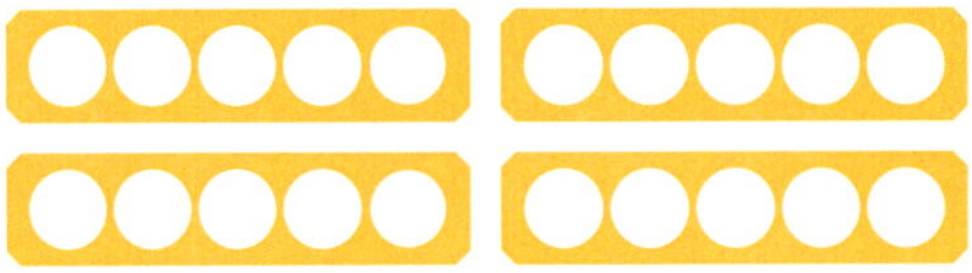

14

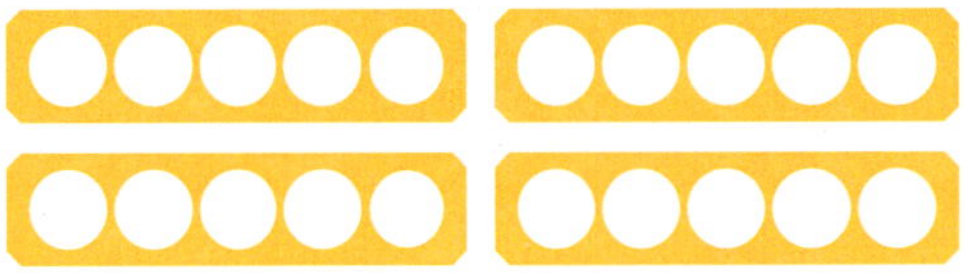

16

5

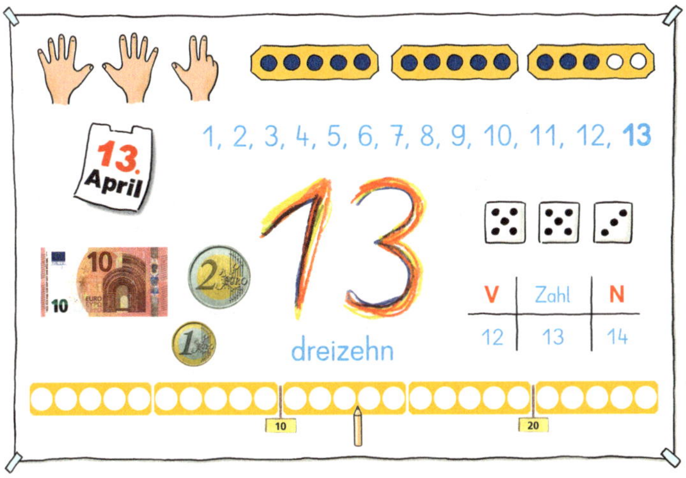
1, 2, 3, 4, 5, 6, 7, 8, 9, 10, 11, 12, 13
13. April
13
dreizehn
V | Zahl | N
12 | 13 | 14
10
20

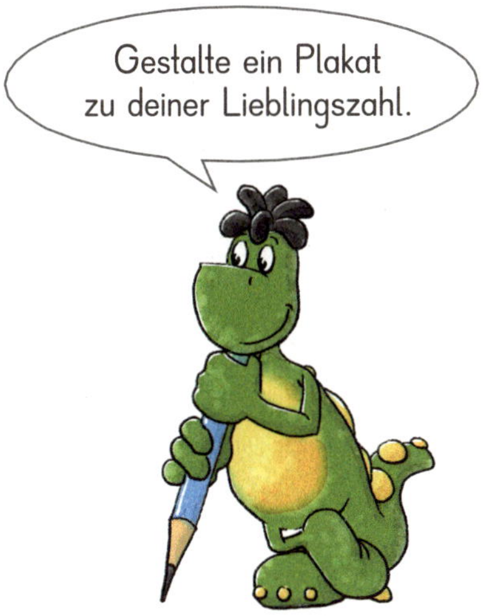
Gestalte ein Plakat zu deiner Lieblingszahl.

1 Fehlende Zahlen eintragen. 2 – 3 Zahl und Zerlegung eintragen. 4 Plättchen malen. Zerlegung eintragen.
5 Zahlenplakat zur Lieblingszahl erstellen.

1   3   2

2   5   4

3   10   9

4   8

5   10

6   17

7   16

8   15

9   18

20   19   18   ...   1

10   10   7

11   4   10

12   10   19

Eine Anzahl von Tönen schlagen, danach treppauf, treppab gehen.   **1** – **9** Fehlende Zahlen eintragen.

70

1 — | 7 | 8 | | | | — | 9 | 10 | | | |

2 — | 11 | | | | 15 | — | 16 | 17 | | | |

3 — | | 16 | 17 | | | — | | | 20 | 21 | |

4

Ich stehe zwischen ___ und ___.

Vorgänger   Zahl   Nachfolger

5 — | | 6 | | — | | 17 | | — | | 19 | |
     V   Zahl   N   V   Zahl   N   V   Zahl   N

6
V	Zahl	N
7		
9		
11		

7
V	Zahl	N
10		
14		
13		

8
V	Zahl	N
		19
	8	
14		

9
V	Zahl	N
	6	
15		
		21

10 Ordne: 9, 2, 4, 3, 7, 6, 0
0, _____

Ordne: 15, 7, 19, 18, 8, 2
2, _____

1 – 9 Fehlende Zahlen eintragen. 10 Zahlen ordnen.

1 A B C D E F G H I

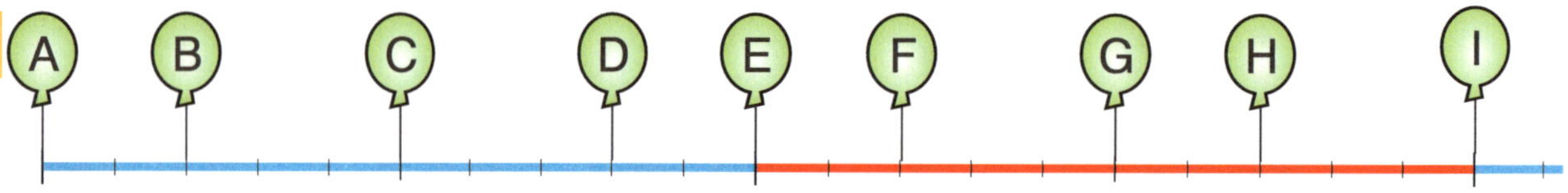

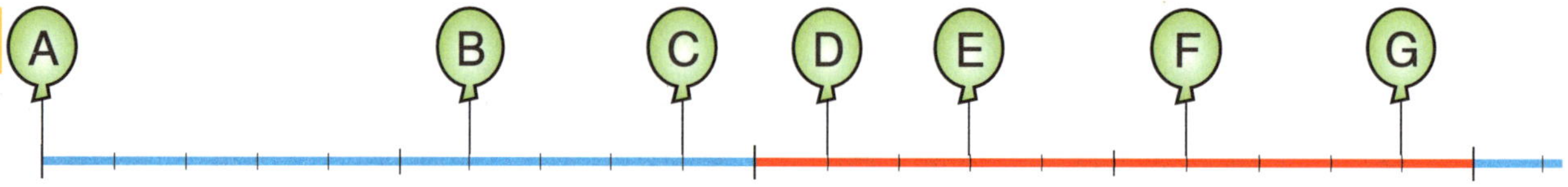

0 __ __ __ __ __ __ __ __

2 A B C D E F G

0 __ __ __ __ __ __

3 A B C D E F G

0 __ __ __ __ __ __

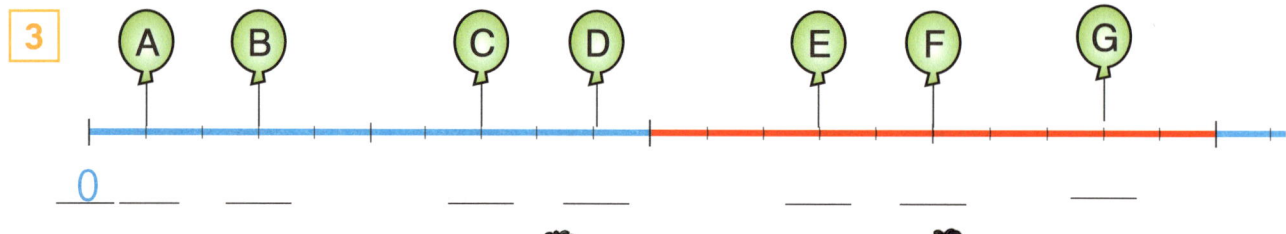

4

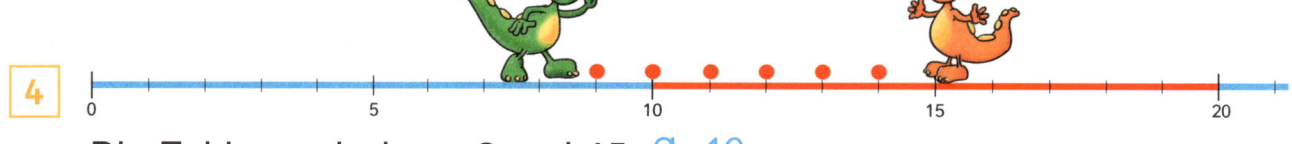

Die Zahlen zwischen 8 und 15: 9, 10, _____

Die Zahlen zwischen 6 und 13: 7, 8, _____

Die Zahlen zwischen 12 und 19: 13, _____

 **5** Zähle vorwärts: 2, 4, 6, ...   3, 5, 7, ...   6, 9, 12, ...

Nun rückwärts: 9, 7, ...   17, 15, ...   18, 15, ...

1 – **3** Wo stehen die Ballons? Zahlen eintragen. **4** Alle Zahlen zwischen ... und ... aufschreiben.
Nach dieser Seite empfiehlt sich Diagnosetest D12.

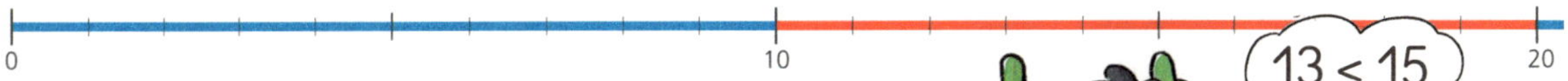

0 ————————————————— 10 ————————————————— 20

$13 < 15$

1 4 ○ 7 | **2** 5 ○ 16 | **3** 18 ○ 9 | **4** 12 ○ 12
9 ○ 6 | 11 ○ 4 | 15 ○ 20 | 16 ○ 14
8 ○ 8 | 13 ○ 14 | 13 ○ 10 | 17 ○ 19
5 ○ 7 | 8 ○ 18 | 19 ○ 12 | 20 ○ 13
7 ○ 9 | 7 ○ 12 | 10 ○ 14 | 16 ○ 9

5

Wolke 1 (<): 2 4 13 / 5 6 9 / 8 7

Wolke 2 (<): 5 7 8 / 9 12 16 / 10 11

6

Wolke 3 (>): 18 / 7 9 5 12 / 8 10 11

Wolke 4 (>): 9 11 / 17 5 10 7 / 14 20

2 < 4 | ___ < ___ | ___ > ___ | ___ > ___
___ < ___ | ___ < ___ | ___ > ___ | ___ > ___
___ < ___ | ___ < ___ | ___ > ___ | ___ > ___
___ < ___ | ___ < ___ | ___ > ___ | ___ > ___

7 11 < [ ]   15   10   19   9   12   21   3

8 7 > [ ]   7   9   2   12   0   10   4

9 11   16   9   3   20   13   1   [ ] < 13

10 7   18   13   2   14   8   10   [ ] > 8

11

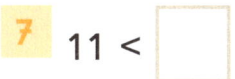
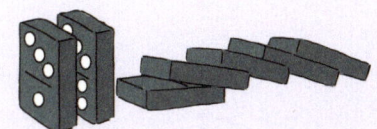

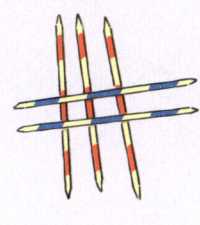

_____

_____   _____   _____

1 – **4** Zahlen am Zahlenstrahl vergleichen. <, > oder = einsetzen. **5** – **6** Je zwei Zahlen wählen (durchstreichen) und passend eintragen. **7** – **10** Passende Zahlenfelder färben. **11** Additons- oder Subtraktionsaufgaben schreiben.

73

1

☐ ☐ 1. ☐

2

☐ ☐ ☐ 1. ☐ ☐

3

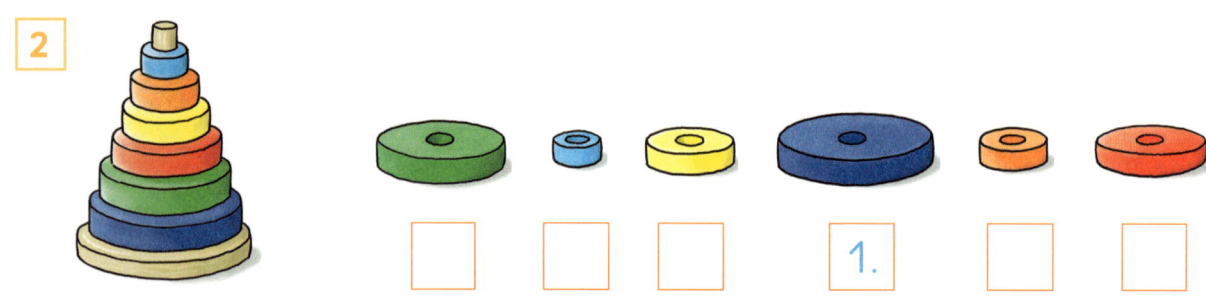

1.	C
2.	
3.	
4.	
5.	

4

☐ ☐ ☐ ☐ ☐ ☐ ☐

1 – **4** Reihenfolge angeben.

1

☐ ☐ ☐ ☐ ☐ ☐

2

☐ ☐ ☐ ☐

3

☐ ☐ ☐ ☐

4

lila: _1,_____ orange: _3,_____

gelb: _____ grau: _____

1 – **3** Reihenfolge angeben. **4** Ordnungszahlen eintragen.
Nach dieser Seite empfiehlt sich Diagnosetest D13.

Addieren und Subtrahieren bis 20

Zahlen-ABC

1	2	3	4	5	6	7	8	9	10	11	12	13
A	B	C	D	E	F	G	H	I	J	K	L	M

1

19	9	14	1
S	I		

12	5	14	1

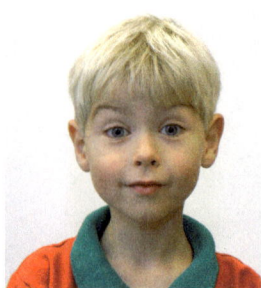

20	15	13

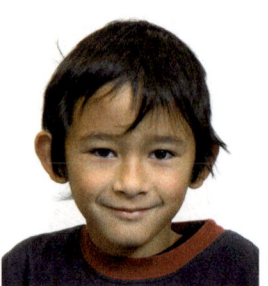

13	5	20	9	14

2

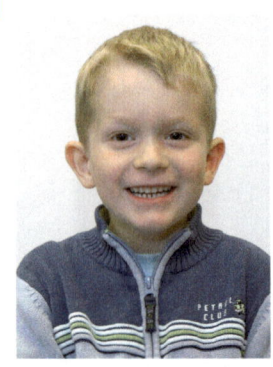

$4 + 2 =$ _____ F
$1 + 0 =$ _____
$6 - 4 =$ _____
$6 + 3 =$ _____
$8 - 7 =$ _____
$10 + 4 =$ _____

3

$11 + 8 =$ _____
$10 - 5 =$ _____
$12 + 0 =$ _____
$2 + 7 =$ _____
$12 + 2 =$ _____
$6 - 5 =$ _____

4

$10 + 3 =$ _____
$10 - 9 =$ _____
$10 + 8 =$ _____
$10 + 1 =$ _____
$20 + 1 =$ _____
$20 - 1 =$ _____

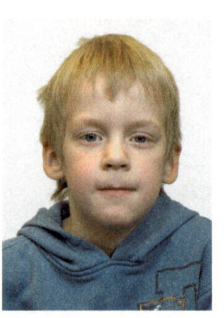

1 – **4** Rechnen, zum Ergebnis den Buchstaben im Zahlen-ABC suchen und eintragen. Namen des Kindes unter das Bild schreiben.

14 15 16 17 18 19 20 21 22 23 24 25 26
N O P Q R S T U V W X Y Z

1

6 − 4 = ___	B	17 + 1 = ___	
4 − 3 = ___		16 − 1 = ___	
10 + 2 = ___		11 + 9 = ___	
11 + 1 = ___			

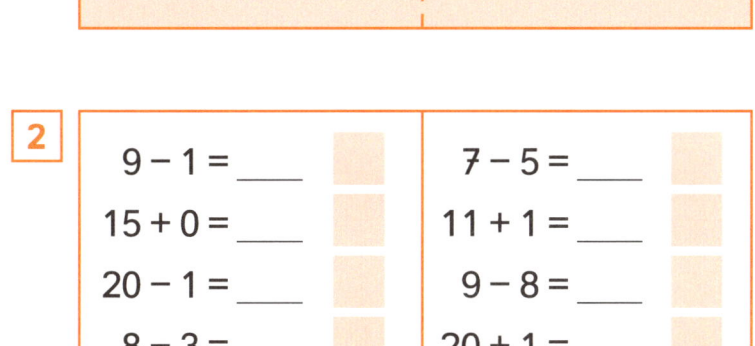

2

9 − 1 = ___	7 − 5 = ___	
15 + 0 = ___	11 + 1 = ___	
20 − 1 = ___	9 − 8 = ___	
8 − 3 = ___	20 + 1 = ___	

3

6 − 5 = ___	13 − 1 = ___	
21 + 0 = ___	10 − 1 = ___	
19 + 1 = ___	12 + 0 = ___	
14 + 1 = ___	7 − 6 = ___	

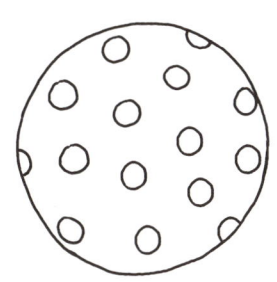

4

8 − 6 = ___	9 − 2 = ___	
21 + 0 = ___	8 − 3 = ___	
10 + 9 = ___	10 + 2 = ___	
	4 − 2 = ___	

1 – **4** Rechnen, zum Ergebnis im Zahlen-ABC den Buchstaben suchen und eintragen. Den Gegenstand und die Farbe schreiben, den Gegenstand entsprechend färben.

1

$15 + 3 =$ _____
$5 + 3 = 8$

Ich rechne zuerst die Grundaufgabe.

2

$14 + 3 =$ _____ $15 + 2 =$ _____ $16 + 3 =$ _____ $14 + 4 =$ _____
$4 + 3 =$ _7_ $5 + 2 =$ _____ $6 + 3 =$ _____ $4 + 4 =$ _____

3

$12 + 6 =$ _____ $13 + 5 =$ _____ $11 + 8 =$ _____ $12 + 7 =$ _____
$2 + 6 =$ _____ _____ _____ _____

4

$14 + 4 =$ _____ $11 + 9 =$ _____ $17 + 2 =$ _____ $16 + 2 =$ _____
_____ _____ _____ _____

5

$16 + 3$	$18 + 2$	$12 + 3$	$13 + 5$	$11 + 0$
$11 + 4$	$13 + 4$	$12 + 7$	$12 + 4$	$12 + 8$
$19 + 0$	$14 + 5$	$12 + 4$	$11 + 3$	$13 + 6$

6

Summanden kann man vertauschen.

Ich rechne $12 + 3$.

$3 + 12 =$ _____ $6 + 12 =$ _____
$12 + 3 =$ _____ $12 + 6 =$ _____

$4 + 16 =$ _____ $2 + 17 =$ _____
$16 + 4 =$ _____ _____

7

$2 + 15 =$ _____ $1 + 19 =$ _____ $5 + 14 =$ _____ $3 + 16 =$ _____
_____ _____ _____ _____

8

$8 + 11 =$ _____ $1 + 18 =$ _____ $4 + 12 =$ _____ $5 + 11 =$ _____
_____ _____ _____ _____

1 – 5 Grundaufgaben übertragen. 6 – 8 Mit Hilfe der Tauschaufgabe lösen.

78

Subtrahieren: Grundaufgaben übertragen

1

$16 - 4 =$ ___
$6 - 4 = \ 2$

Ich rechne zuerst die Grundaufgabe.

2
$14 - 3 =$ ___ $16 - 3 =$ ___ $15 - 4 =$ ___ $17 - 2 =$ ___
$4 - 3 = \ 1$ $6 - 3 =$ ___ $5 - 4 =$ ___ $7 - 2 =$ ___

3
$18 - 6 =$ ___ $18 - 5 =$ ___ $19 - 5 =$ ___ $17 - 7 =$ ___
$8 - 6 =$ ___   _____   _____   _____

4
$16 - 2 =$ ___ $18 - 4 =$ ___ $17 - 3 =$ ___ $19 - 7 =$ ___
_____   _____   _____   _____

5
$13 - 1$ $14 - 3$ $19 - 8$ $18 - 6$ $16 - 6$
$19 - 4$ $17 - 6$ $20 - 4$ $19 - 5$ $20 - 7$
$18 - 5$ $20 - 6$ $17 - 4$ $20 - 5$ $16 - 5$

6

−	4	6	3
17			
19			

−	5	2	4
13			
			11

−	3	6	4
			12
			16

7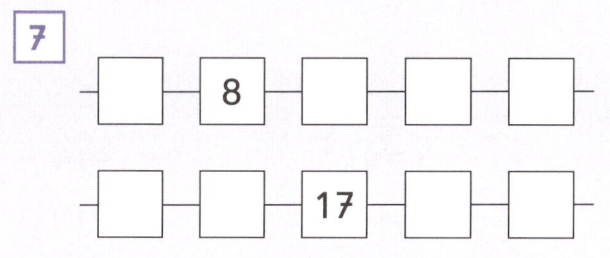

8

V	Zahl	N		V	Zahl	N
	9			7		
	11					13
	15					20

1 – 5 Grundaufgaben übertragen.   7 – 8 Fehlende Zahlen eintragen.

Aufgabe und Umkehraufgabe

1

2 Aufgabe

15 + 3 = ___

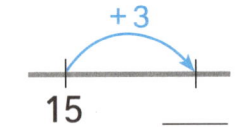

Umkehraufgabe

18 − 3 = ___

3 Aufgabe

19 − 5 = ___

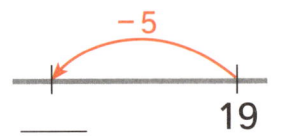

Umkehraufgabe

14 + 5 = ___

4

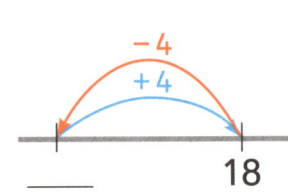

___ + 3 = 17	___ + 4 = 16
___ + 3 = 19	___ + 2 = 15
___ + 3 = 16	___ + 5 = 19
___ + 3 = 13	___ + 7 = 19
___ + 3 = 18	___ + 8 = 18

5 ___ − 3 = 16

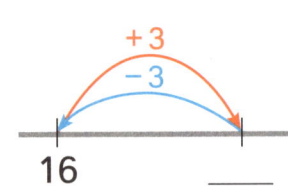

___ − 5 = 14	___ − 4 = 12
___ − 5 = 13	___ − 3 = 17
___ − 5 = 15	___ − 6 = 14
___ − 5 = 12	___ − 2 = 17
___ − 5 = 10	___ − 7 = 11

6

___ + 5 = 16	___ + 1 = 18	___ − 3 = 17	___ − 4 = 15
___ + 5 = 17	___ + 3 = 18	___ − 3 = 16	___ − 5 = 14
___ + 5 = 18	___ + 5 = 18	___ − 3 = 15	___ − 6 = 13

80

1 – **3** Aufgaben und Umkehraufgaben am Rechenstrich darstellen und rechnen. **4** – **5** Aufgaben mit Hilfe der Umkehraufgabe am Rechenstrich oder im Kopf lösen. **6** Gesetzmäßigkeit erkennen und nutzen. Zusätzlich: Aufgabenfolgen fortsetzen.

1	2	3	4	5	6	7	8	9	10	11	12	13	14	15	16	17	18	19	20	21	22	23	24	25	26
A	B	C	D	E	F	G	H	I	J	K	L	M	N	O	P	Q	R	S	T	U	V	W	X	Y	Z

1
17 + 1 = ____
9 – 4 = ____
25 + 1 = ____
8 – 3 = ____
18 – 2 = ____
18 + 2 = ____

2
10 + 3 = ____
10 – 5 = ____
10 – 2 = ____
10 + 2 = ____

3
9 – 7 = ____
14 – 2 = ____
7 – 2 = ____
10 – 7 = ____
2 + 6 = ____

4
19 + 1 = ____
0 + 5 = ____
7 + 2 = ____
9 – 2 = ____

5
10 + 5 = ____
10 – 4 = ____
6 – 1 = ____
12 + 2 = ____

6
8 – 6 = ____
10 + 8 = ____
17 – 2 = ____
10 + 10 = ____
1 + 4 = ____

7
13 – 1 – 1 = ____
22 – 0 – 1 = ____
13 – 3 – 7 = ____
16 – 6 – 2 = ____
13 – 3 – 5 = ____
17 – 1 – 2 = ____

1 – 7 Rechnen, zum Ergebnis im Zahlen-ABC den passenden Buchstaben suchen und Lösungswort aufschreiben.

1 Legt Aufgaben mit den Kärtchen.

2 + oder −. Setze ein.

12 ⬤ 5 = 17   14 ⬤ 1 = 15   10 ⬤ 7 = 17   10 ⬤ 3 = 7

18 ⬤ 3 = 15   15 ⬤ 3 = 12   13 ⬤ 5 = 18   10 ⬤ 5 = 5

15 ⬤ 4 = 19   17 ⬤ 6 = 11   18 ⬤ 8 = 10   18 ⬤ 2 = 20

17 ⬤ 2 = 15   17 ⬤ 3 = 20   19 ⬤ 1 = 20   19 ⬤ 9 = 10

3 12 = 6 ⬤ 6   13 = 17 ⬤ 4   15 = 13 ⬤ 2   11 = 13 ⬤ 2

17 = 18 ⬤ 1   16 = 12 ⬤ 4   20 = 18 ⬤ 2   16 = 18 ⬤ 2

13 = 13 ⬤ 0   14 = 19 ⬤ 5   17 = 20 ⬤ 3   20 = 17 ⬤ 3

20 = 17 ⬤ 3   18 = 12 ⬤ 6   19 = 16 ⬤ 3   13 = 16 ⬤ 3

4 12 ⬤ 3 ⬤ 1 = 16   20 ⬤ 4 ⬤ 0 = 16   15 = 12 ⬤ 2 ⬤ 1

20 ⬤ 4 ⬤ 2 = 18   13 ⬤ 7 ⬤ 2 = 18   13 = 12 ⬤ 7 ⬤ 6

13 ⬤ 5 ⬤ 1 = 17   15 ⬤ 0 ⬤ 3 = 12   14 = 17 ⬤ 6 ⬤ 3

18 ⬤ 2 ⬤ 4 = 12   17 ⬤ 1 ⬤ 5 = 11   19 = 14 ⬤ 2 ⬤ 3

5 Kinder haben einige Rechenzeichen falsch gelegt.
Schreibe die Aufgaben richtig.

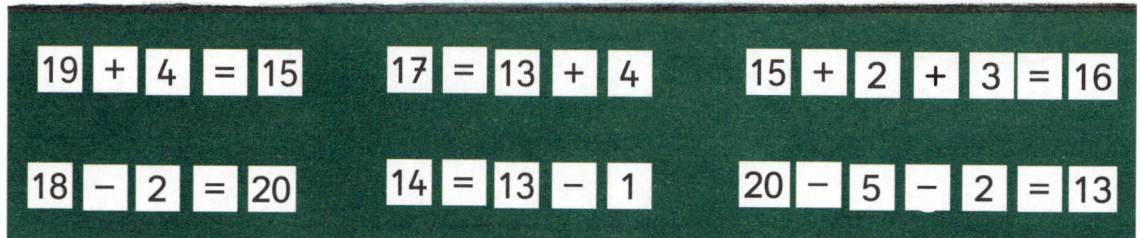

2 – **4** Passende Rechenzeichen einsetzen. **5** Falsche Rechnungen erkennen. Richtige Rechenzeichen finden.

1

2

3

4

5
$7 - \_\_\_ = 3$	$8 - \_\_\_ = 8$	$10 - \_\_\_ = 5$	$6 - \_\_\_ = 0$
$7 - \_\_\_ = 6$	$8 - \_\_\_ = 5$	$10 - \_\_\_ = 7$	$6 - \_\_\_ = 2$
$7 - \_\_\_ = 1$	$8 - \_\_\_ = 7$	$10 - \_\_\_ = 2$	$6 - \_\_\_ = 3$

6
$\_\_\_ - 2 = 1$	$\_\_\_ - 3 = 0$	$\_\_\_ - 5 = 1$	$\_\_\_ - 6 = 0$
$\_\_\_ - 2 = 5$	$\_\_\_ - 3 = 3$	$\_\_\_ - 5 = 3$	$\_\_\_ - 6 = 2$
$\_\_\_ - 2 = 8$	$\_\_\_ - 3 = 5$	$\_\_\_ - 5 = 4$	$\_\_\_ - 6 = 3$

7
$\_\_\_ - 3 = 7$	$\_\_\_ - 5 = 5$	$\_\_\_ - 2 = 6$	$\_\_\_ - 4 = 5$
$\_\_\_ + 3 = 7$	$\_\_\_ + 5 = 5$	$\_\_\_ + 2 = 6$	$\_\_\_ + 4 = 5$

4 Verschiedene Minustrauben finden.
Nach dieser Seite empfiehlt sich Diagnosetest D14.

Spiegeln

Mit dem Spiegel vergrößern, verkleinern. Beenden, was angefangen ist. Das Fenster schließen ...

1 Welches Spiegelbild passt? Kreuze an.

2

3

1

2

3

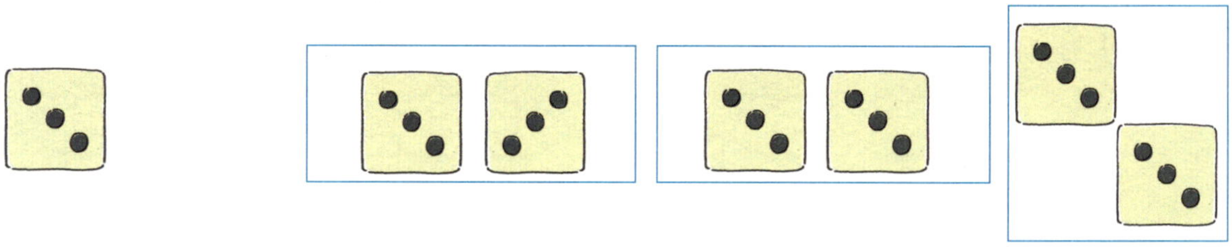

4

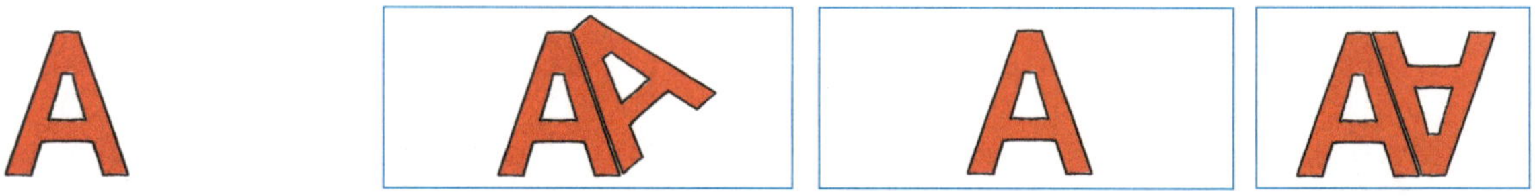

5 Spiegeln und zählen.

10 Puppen   5 Puppen   ____ Puppen

2 Puppen   11 Puppen   ____ Puppen

1 – 4 Spiegelbilder erzeugen. Falsches Bild durchstreichen.
5 Mit dem Spiegel probieren, bis die angegebene Anzahl zu sehen ist.

1 Ich sehe doppelt so viele Punkte.

Der Spiegel hilft.

2

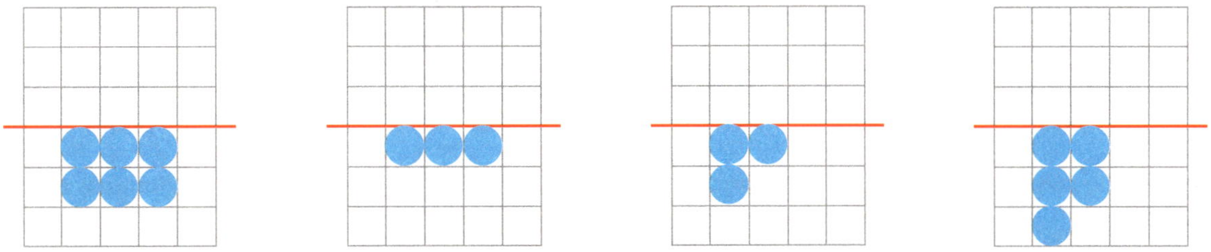

3

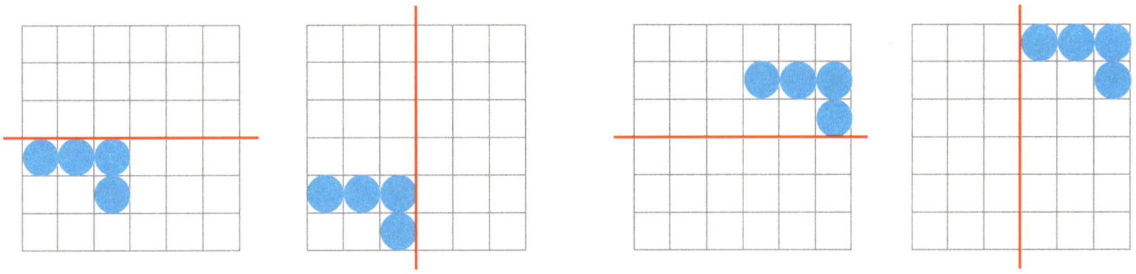

4

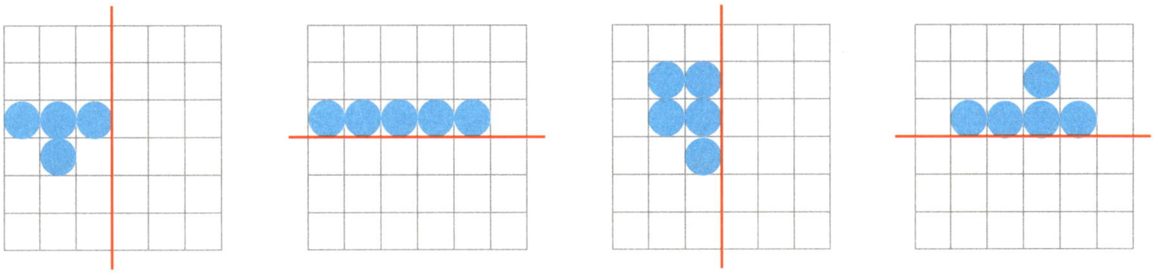

5 Ordne die Bilder nach der wirklichen Größe.

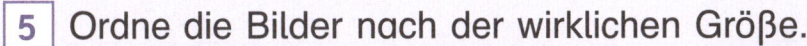

 _____  _____  _____  _____

 1. _____  _____  _____  _____

1 – **4** Spiegeln und Spiegelbild malen. **5** Wahrnehmungsübung.

Verdoppeln und Halbieren

1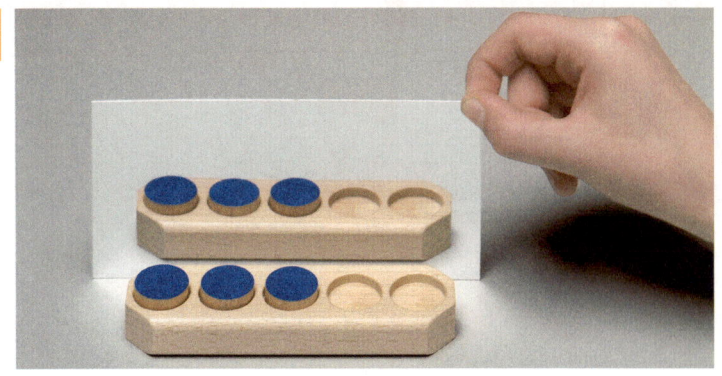

Das Doppelte von 3 ist 6.

$\underline{3 + 3 = }$

2

+ = $\underline{}$

+ = $\underline{}$

3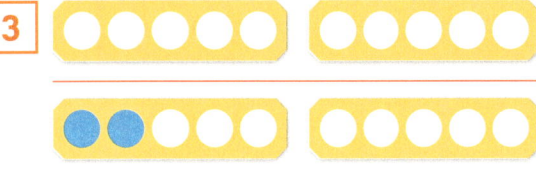

+ = $\underline{}$

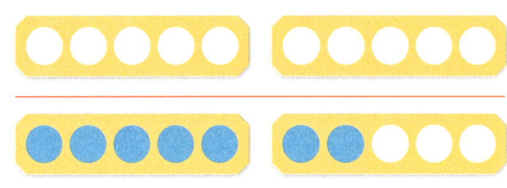

+ = $\underline{}$

4

+ = $\underline{}$

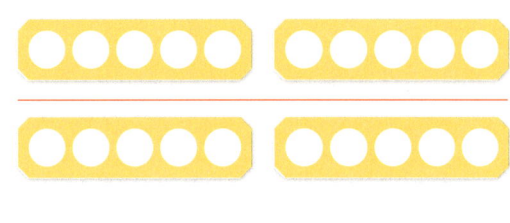

+ = $\underline{}$

5

$1 + 1 = \underline{}$	$2 + 2 = \underline{}$	$3 + 3 = \underline{}$	$4 + 4 = \underline{}$
$6 + 6 = \underline{}$	$7 + 7 = \underline{}$	$8 + 8 = \underline{}$	$9 + 9 = \underline{}$
$0 + 0 = \underline{}$	$10 + 10 = \underline{}$	$5 + 5 = \underline{}$	$\underline{} + \underline{} = \underline{}$

!

Wenn ich 2 verdopple, erhalte ich 4.
Das Doppelte von 2 ist 4.   2 + 2 = 4

88 Bausteine des Wissens nutzen. **2** – **3** Spiegelbild malen. Aufgabe schreiben.
4 Eigene Aufgaben zum Verdoppeln erfinden.

1 + 1 = ____

Die Henne legt ein Ei.

2 + 2 = ____

Das weiß doch jedes Tier.

3 + 3 = ____

So zaubert flink die Hex.

4 + 4 = ____

Die Affenbande lacht.

5 + 5 = ____

Die Enten finden's schön.

6 + 6 = ____

Da heulen alle Wölf.

7 + 7 = ____

Die Bären vor der Tür stehn.

8 + 8 = ____

Die Kühe müssen wegsehn.

9 + 9 = ____

Die Eulen können bei Nacht sehn.

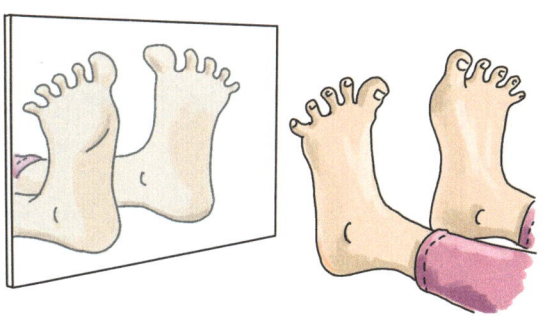

10 + 10 = ____,

sagt Tina und entspannt sich.

1

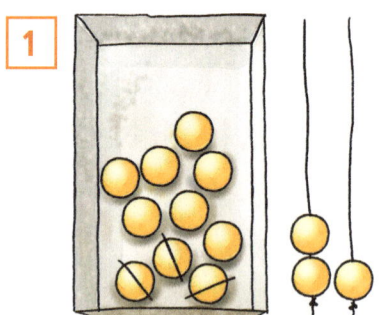

Die Hälfte von 10 ist ____.

Die Hälfte von 6 ist ____.

Die Hälfte von 8 ist ____.

2

Die Hälfte von 12 ist ____.

Die Hälfte von 18 ist ____.

Die Hälfte von 16 ist ____.

3

Zahl	4	6	2	10	12	8	16	20	14	18
die Hälfte										

4 Zahlenrätsel. Wie heißt die Zahl?

Meine Zahl ist die Hälfte von 8.	Die Hälfte meiner Zahl ist 6.	Wenn ich meine Zahl halbiere, erhalte ich 7.

> Wenn ich 6 halbiere, erhalte ich 3.
> Die Hälfte von 6 ist 3.

4 Zahlenrätsel lösen. Auf die verschiedenen Formulierungen achten. Eigene Zahlenrätsel erfinden.

Gerecht geteilt
8 ist eine gerade Zahl.

Ungerecht!
9 ist eine ungerade Zahl.

1

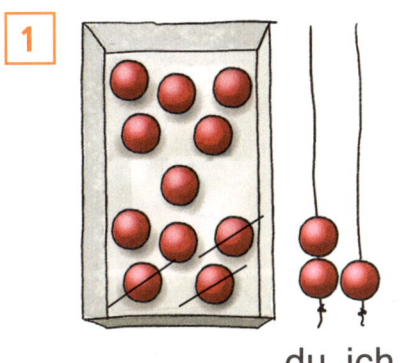

du ich

11 ist eine

_____ Zahl

du ich

14 ist eine

_____ Zahl

du ich

13 ist eine

_____ Zahl

2

	2				8	10				
1	3	5				11	13			

3 Additionsaufgaben. Das Ergebnis soll eine gerade Zahl sein.

2 + ☐ = ☐
4 + ☐ = ☐
6 + ☐ = ☐
8 + ☐ = ☐
10 + ☐ = ☐
12 + ☐ = ☐

1 + ☐ = ☐
3 + ☐ = ☐
5 + ☐ = ☐
7 + ☐ = ☐
9 + ☐ = ☐

Mir fällt etwas auf!

4 Das Ergebnis soll eine ungerade Zahl sein. Schreibe fünf Aufgaben.

> Gerade Zahlen kann ich halbieren: 0, 2, 4, 6, 8, 10, 12, 14, 16, 18, ...
> Alle anderen Zahlen sind ungerade.

!

2 Zahlenkette ins Heft schreiben. Ungerade Zahlen gelb, gerade Zahlen grün färben. **3** – **4** Eigene Aufgaben schreiben. Gesetzmäßigkeiten entdecken, z.B.: gerade Zahl plus gerade Zahl ist gleich gerade Zahl, ...
Nach dieser Seite empfiehlt sich Diagnosetest D15.

Längen

1

2

Fingerbreite

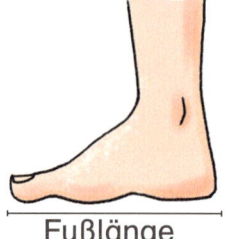

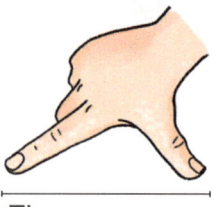

Fußlänge

Fingerspanne

3

4

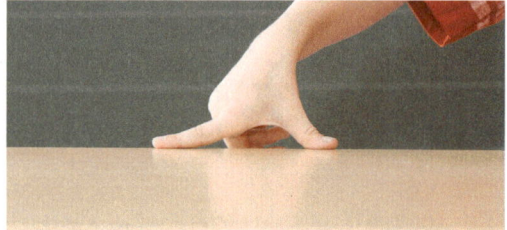

Länge des Mathematikbuches

Breite des Fensters

Länge des Schülertisches

Breite der Tafel

5 Was fällt auf?

	Breite dieser Seite in Fingerbreiten
Laura	19
Martin	21
Julia	18
Katharina	22

	Länge der Fibel in Fingerbreiten
Lars	16
Christina	19
Taskin	18
Maria	20

1 Streifen der Länge nach ordnen. **2** Längen mit der Kordel vergleichen.
3 – **5** Mit Füßen, Fingerspannen und Fingerbreiten messen.

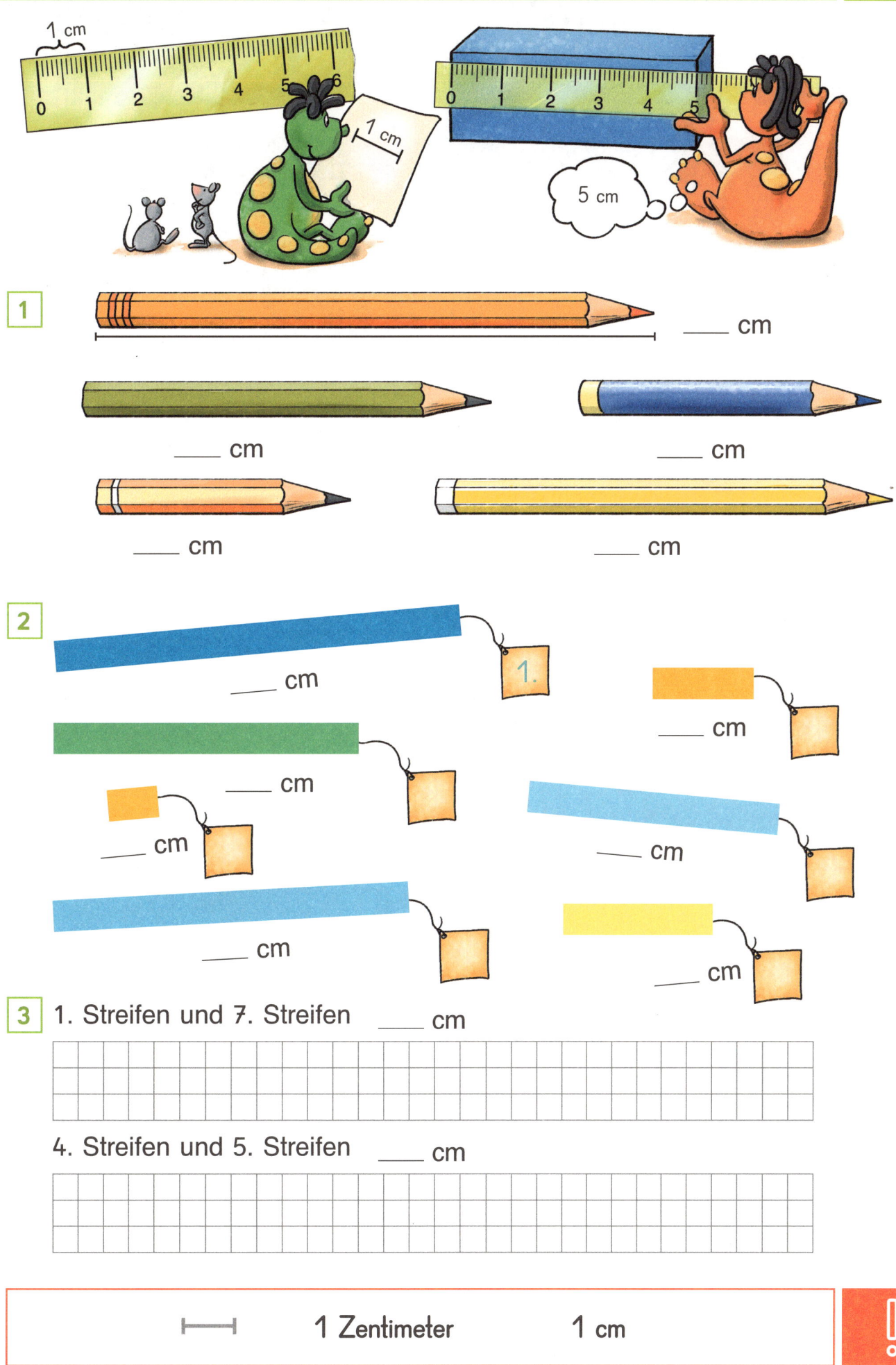

1

_____ cm

_____ cm _____ cm

_____ cm _____ cm

2

_____ cm   1.

_____ cm

_____ cm

_____ cm _____ cm

_____ cm

_____ cm

3 1. Streifen und 7. Streifen _____ cm

4. Streifen und 5. Streifen _____ cm

⊢——⊣ 1 Zentimeter   1 cm

1 Mit dem Lineal messen. **2** Streifen messen und ordnen. **3** Streifen aus Aufgabe 2 zeichnen und Gesamtlänge bestimmen.

93

Punkt, Gerade, Strecke

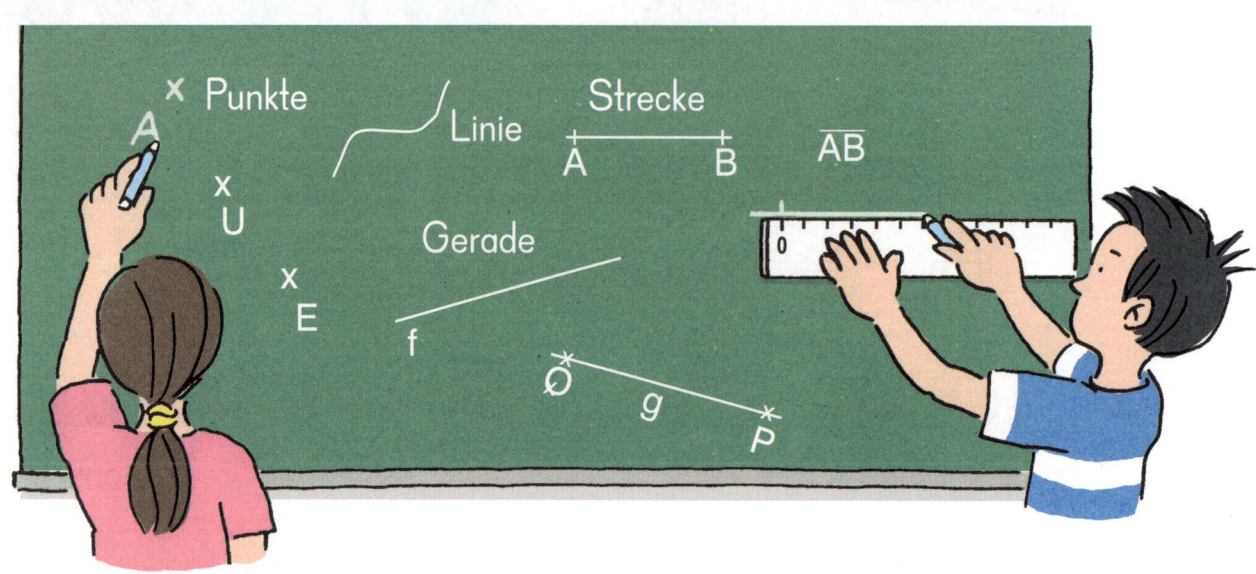

1 Zeichne die Punkte in das andere Feld.

2 Zeichne Punkte und verbinde sie durch Linien.

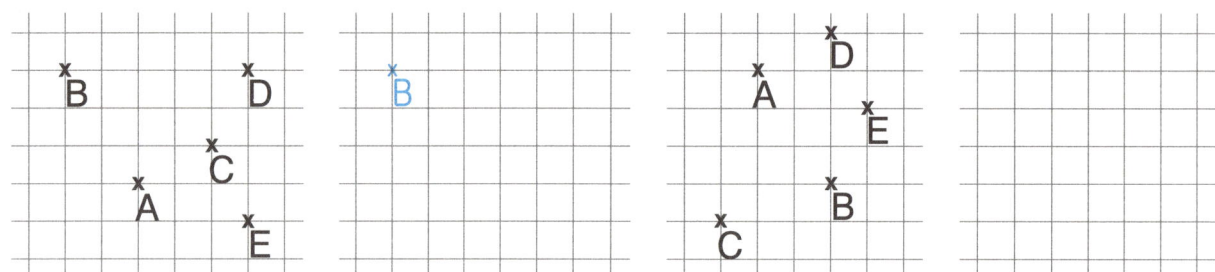

3 Zeichne durch die Punkte Geraden.

4 Zeichne fünf Strecken: $\overline{AB}$, $\overline{CD}$, $\overline{EF}$, $\overline{RP}$, $\overline{ST}$

1 Punkte in das rechte Feld übertragen. **2** Punkte zeichnen und durch Linien verbinden.

1

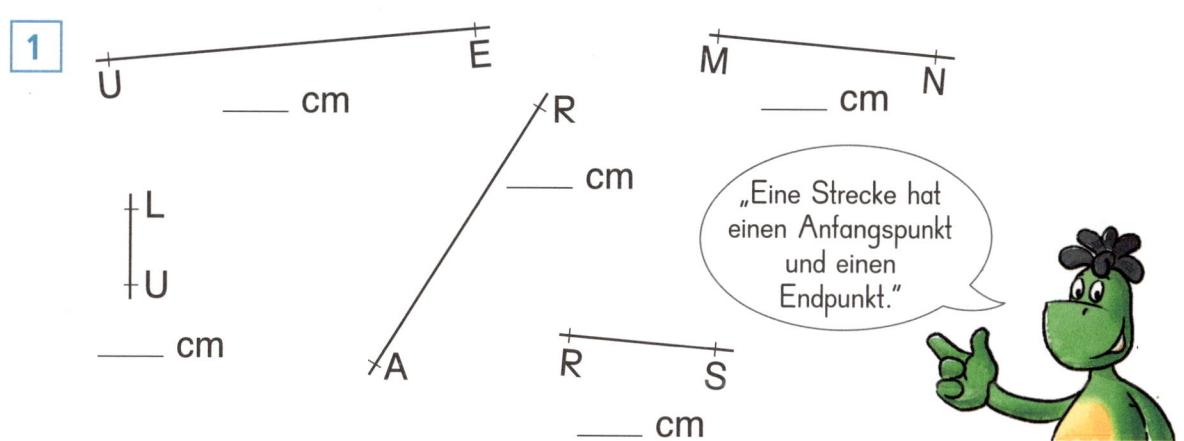

U _____ cm E

M _____ cm N

R _____ cm

L U _____ cm

R S _____ cm

A

„Eine Strecke hat einen Anfangspunkt und einen Endpunkt."

Schrittfolge beim Zeichnen einer Strecke $\overline{CD}$ = 5 cm.

1. Zeichne eine Gerade.

2. Gib auf der Geraden einen Punkt C an.

3. Lege das Lineal mit der Null am Punkt C an.

4. Miss 5 cm ab und zeichne Punkt D auf die Gerade.

C

C
0 1 2 3 4 5

C   D
0 1 2 3 4 5

$\overline{CD}$ = 5 cm

---

2 Zeichne Strecken: $\overline{AB}$ = 8 cm $\overline{CD}$ = 4 cm $\overline{EF}$ = 3 cm $\overline{GH}$ = 6 cm

3 Welche Sätze stimmen? Kreuze an.

L _____ M

E _____ F

N _____ P

1. $\overline{LM}$ ist kürzer als $\overline{EF}$. ☐
2. $\overline{EF}$ ist länger als $\overline{LM}$. ☐
3. $\overline{LM}$ und $\overline{NP}$ sind gleich lang. ☐
4. $\overline{NP}$ ist länger als $\overline{EF}$. ☐

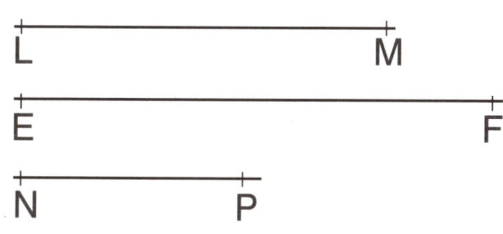

g Das ist die Gerade g. Geraden bezeichnet man mit Kleinbuchstaben.

ˣB Das ist der Punkt B. Punkte bezeichnet man mit Großbuchstaben.

B   C   Das ist die Strecke $\overline{BC}$.

!

---

2 Strecken in das Heft zeichnen.

Nach dieser Seite empfiehlt sich Diagnosetest D16.

1

15 + 2 = ___   11 + 5 = ___   13 + 6 = ___

5 + 2 = ___   1 + 5 = ___   3 + 6 = ___

12 + 7 = ___   18 + 2 = ___   14 + 4 = ___

_____ _____ _____

2

18 − 7 = ___   16 − 4 = ___   15 − 3 = ___

8 − 7 = ___   6 − 4 = ___   5 − 3 = ___

14 − 1 = ___   17 − 6 = ___   12 − 2 = ___

_____ _____ _____

3

___ + 4 = 20

_____ ___   20

___ − 6 = 12

_____ 12   ___

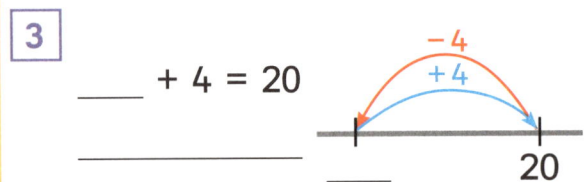

4

___ + 5 = 19   ___ + 3 = 16

___ + 2 = 17   ___ + 4 = 17

5

___ − 7 = 12   ___ − 3 = 14

___ − 3 = 15   ___ − 8 = 12

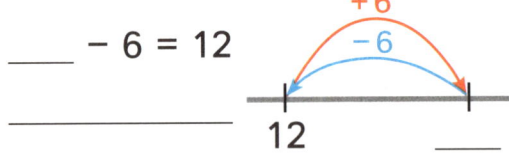

6

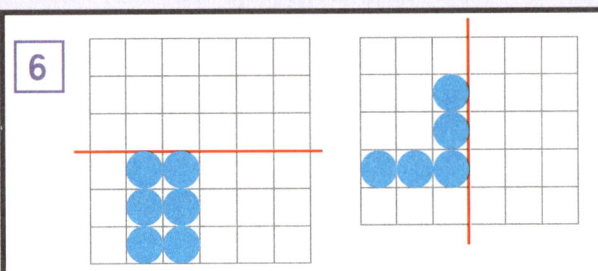

7

Zahl	4	6	3	8	10
das Doppelte					

8

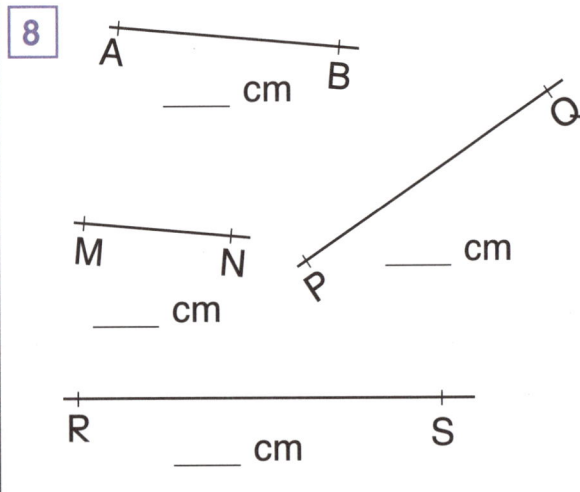

A ___ cm B

M ___ cm N

P ___ cm Q

R ___ cm S

1 – **2** Grundaufgaben übertragen.   **3** – **5** Platzhalteraufgaben mit Hilfe der Umkehraufgabe lösen.
6 Spiegeln und Spiegelbild einzeichnen.   **7** Verdoppeln.   **8** Strecken messen.
Kopiervorlage auf DVD Digitale Lehrermaterialien 1 oder als Download

1 Ordne zu.

Viereck   Dreieck

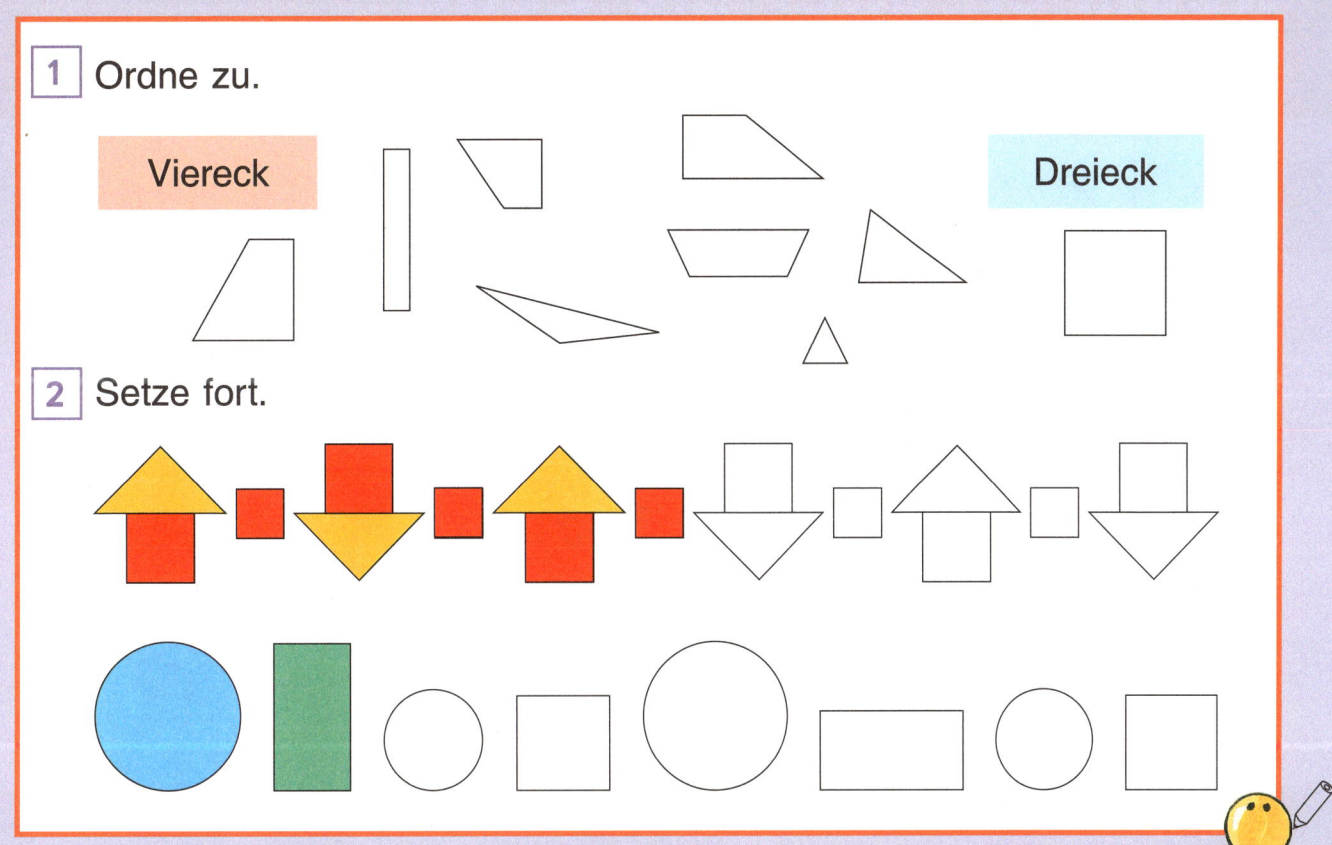

2 Setze fort.

3

4   < , > oder = .
Setze ein. Setze fort.

13 + 1	○	20 − 2
14 + 2	○	20 − 4
15 + 3	○	20 − 6
___ + ___	○	___ − ___
___ + ___	○	___ − ___

17 − 1	○	6 + 0
17 − 3	○	6 + 3
17 − 5	○	6 + 6
___ − ___	○	___ + ___
___ − ___	○	___ + ___

3 Verwandte Aufgaben finden.

97

Rechnen über die Zehn

1

Das kann ich schon	Hier brauche ich Hilfe
6 + 3 = 9	6 + 8 = 14
6 + 1 =	6 + 5 =

2

4 +

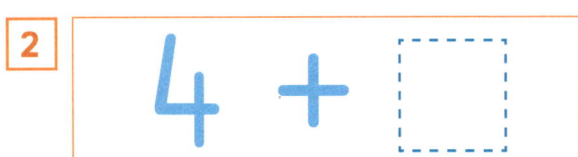

Auf zur Rechenkonferenz!

1 – **2** Aufgaben mit Zahlenkarten legen. Entscheiden, ob die Lösung im Kopf oder mit Hilfen gelingt. Aufgabe und Ergebnis auf den passenden Zettel schreiben.

1

2 5 + 7

Meine Lösung

3 8 + 7

Meine Lösung

4 6 + 7

6 + 7 = ____

6 + 4 = 10

10 + 3 = ____

Erst + 4, dann + 3.

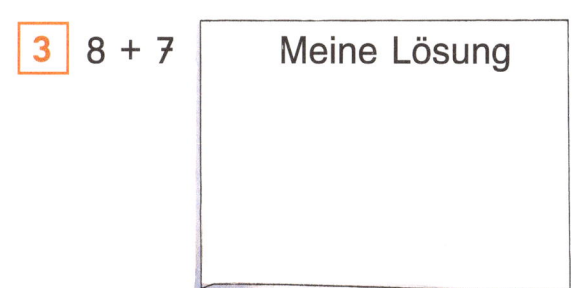

5 3 + 8

3 + 8 = ____

3 + 7 = 10

10 + ____ = ____

Erst + 7, dann ____.

6 4 + 8

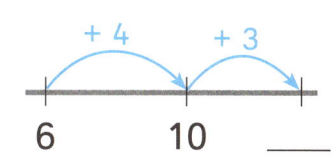

Erst ____, dann ____.

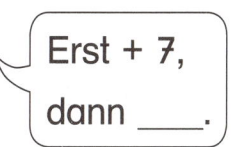

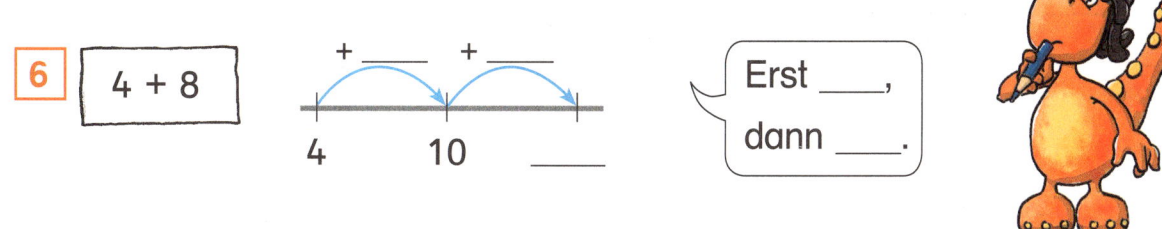

1 Rechenkonferenz: Über Lösungswege sprechen. **2** – **3** Eigenen Lösungsweg aufschreiben.
4 – **6** Aufgaben schrittweise lösen.

  1 | 8 + 5 |

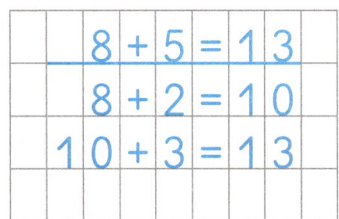

$8 + 5 = 13$
$8 + 2 = 10$
$10 + 3 = 13$

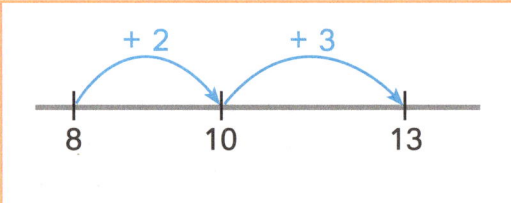

2

8 + 4	5 + 7	7 + 4	6 + 8	9 + 9
8 + 7	5 + 9	7 + 7	6 + 6	9 + 3
8 + 5	5 + 6	7 + 6	6 + 9	9 + 7

3

4 + 9	8 + 3	3 + 9
4 + 7	8 + 6	3 + 8
4 + 8	8 + 9	3 + 10

11   11   11   12   12   13   13   14   17   18

Nutze die blauen Lösungszahlen. Eine Geisterzahl bleibt übrig.

4

9 + 5	6 + 6	8 + 9
6 + 5	9 + 6	3 + 9
7 + 5	5 + 6	5 + 9

10   11   11   12   12   12   14   14   15   17

5

+	5	8	4
7			
8			

+	7	6	9
6			
4			

+	6	7	8
5			
7			

6

6) $8 + 3 = 11$
   $4 +$

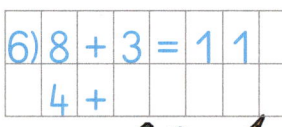

Addiere die Zahlen 8 und 3.

Bilde die Summe aus den Zahlen 9 und 7.

Die Summanden sind 4 und 9. Nenne die Summe.

Addiere die Zahlen 7 und 4.

Berechne die Summe aus den Zahlen 3 und 9.

Addiere die Zahlen 5 und 6.

Die Summanden sind 6 und 8. Bilde die Summe.

2 – 5 Schreibweise wählen oder vorstellend lösen. Hilfe: Mit Plättchen auf der Beilage legen.
6 Aufgaben im Heft notieren und lösen.

1

Salim: Erst + 4, dann ...

6 + 9

Tom

15

10 + 5

Jonas: 6 + 10 = ____, dann 1 weniger.

Julia

2 7 + 9 = ____

+ 10

− 1

7 ____ 17

7 + 9 = ____
7 + 10 = ____
____ − 1 = ____

3 4 + 9 = ____

+ 10

4 ____ 14

4 + 9 = ____
4 + 10 = ____
____ − 1 = ____

4

3 + 9	6 + 5	4 + 8	2 + 9	4 + 7
7 + 4	8 + 8	9 + 9	6 + 8	2 + 8
5 + 8	6 + 9	9 + 5	3 + 8	7 + 6

10   11   11   11   11   11   12   12   13   13   14   14   15   16   18   19

5

9 + 5	7 + 8	5 + 7	7 + 7	9 + 8
8 + 9	6 + 6	8 + 3	8 + 6	4 + 9
9 + 2	7 + 9	5 + 9	5 + 6	9 + 7

10   11   11   11   12   12   13   14   14   14   14   15   16   16   17   17

6 Schreibe Subtraktionsaufgaben.

1 Rechenkonferenz: Über Lösungwege sprechen. **2 – 3** Aufgaben schrittweise lösen.
4 – 5 Aufgaben im Heft lösen. Strategie und Schreibweise wählen.
Nach dieser Seite empfiehlt sich Diagnosetest D17.

101

1

Das kann ich schon	Hier brauche ich Hilfe
15 – 2 = 13	15 – 7 = 8
15 – 5 = 10	15 – 9 =

2 12 – ☐

Auf zur Rechenkonferenz!

1 – **2** Aufgaben mit Zahlenkarten legen. Entscheiden, ob die Lösung im Kopf oder mit Hilfen gelingt. Aufgabe und Ergebnis aufschreiben.

1

2 15 − 7

Meine Lösung

3 12 − 6

Meine Lösung

4 13 − 5

13 − 5 = ___
13 − 3 = 10
10 − 2 = ___

Erst − 3, dann − 2.

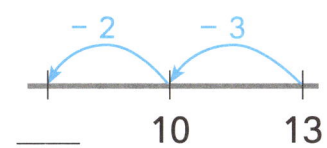

− 2   − 3

___   10   13

5 15 − 8

15 − 8 = ___
15 − 5 = 10
10 − ___ = ___

Erst − 5, dann ___.

6 16 − 7

− ___   − ___

___   10   16

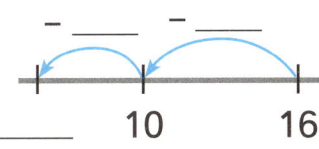

Erst ___, dann ___.

1 Rechenkonferenz: Über Lösungswege sprechen.   **2** − **3** Eigenen Lösungsweg aufschreiben.
4 − **6** Aufgaben schrittweise lösen.

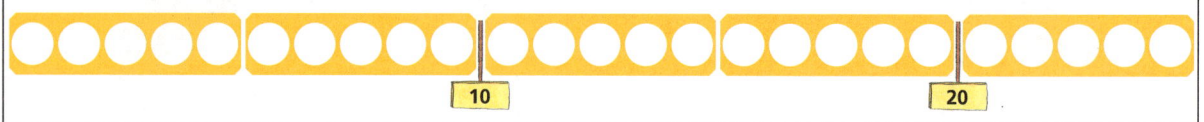

1 | 14 – 6

14 – 6 =	8
14 – 4 =	10
10 – 2 =	8

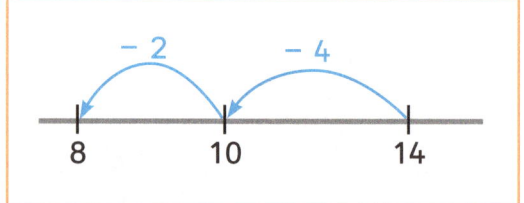

2

12 – 8	14 – 4	16 – 7	13 – 8	15 – 6
12 – 5	14 – 9	16 – 9	15 – 8	12 – 6
12 – 4	14 – 5	16 – 4	11 – 8	13 – 6

2 3 4 5 5 6 7 7 7 7 8 9 9 9 10 12

3

11 – 9	13 – 6	15 – 9	11 – 4	12 – 9
17 – 9	14 – 7	14 – 8	14 – 6	13 – 9
18 – 9	15 – 7	16 – 8	13 – 4	14 – 6

1 2 3 4 6 6 7 7 7 8 8 8 8 8 9 9

4 15 – 6 – 5 = ___   **5** 13 – 6 – 3 = ___   **6** 14 – 7 – 4 = ___

15 – 8 – 5 = ___   13 – 8 – 3 = ___   14 – 3 – 4 = ___

15 – 3 – 5 = ___   13 – 2 – 3 = ___   14 – 9 – 4 = ___

7

–	4	6	9
14			
16			

–	9	3	7
11			
15			

–	7	8	
	10		
13			4

W

8

 7 €   5 €

Zusammen ____ €.

9

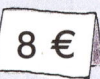 8 €   8 €

Zusammen ____ €.

2 – **3** Schreibweise wählen oder vorstellend lösen. Hilfe: Mit Plättchen auf der Beilage legen.   **4** – **6** Zahlenblick schärfen. Zahlen in geschickter Reihenfolge subtrahieren.   **8** – **9** Gesamtbetrag eintragen, legen und zeichnen.

1 13 – 9

10, 11, 12, 13

Ich subtrahiere erst 10 und dann …

Hannah   Timo

2 18 – 9 = _____

– 10

+1

8 ___   18

18 – 9 = ___
18 – 10 = ___
___ + 1 = ___

3 14 – 9 = ___

– 10

+1

4 ___   14

14 – 9 = ___
14 – 10 = ___
___ + 1 = ___

4 12 – 8 = ___

– 10

2 ___   12

12 – 8 = ___
12 – 10 = ___
___ + ___ = ___

5
11 – 9	14 – 7	17 – 9	11 – 7	14 – 6
20 – 9	15 – 8	15 – 6	12 – 8	16 – 8
15 – 9	16 – 9	13 – 7	14 – 9	18 – 9

2   3   4   4   5   6   6   7   7   7   8   8   8   9   9   11

6
12 – 4	13 – 6	15 – 7	14 – 5	17 – 9
12 – 6	13 – 4	15 – 5	14 – 7	17 – 7
12 – 8	13 – 8	15 – 9	14 – 9	17 – 8

4   5   5   6   6   7   7   7   8   8   8   9   9   9   10   10

7
16 – 2 – 6 = ___   13 – 9 – 1 = ___   16 – 8 – 8 = ___

16 – 0 – 8 = ___   15 – 0 – 5 = ___   11 – 8 – 1 = ___

8
| Subtrahiere die Zahl 8 von der Zahl 14. | Subtrahiere die Zahl 9 von der Zahl 13. | Subtrahiere die Zahl 7 von der Zahl 15. |

_____   _____   _____

2 – **4** Aufgaben schrittweise lösen. **5** – **6** Aufgabe im Heft lösen. Strategie und Schreibweise wählen.
7 Zahlenblick schärfen. Zahlen in geschickter Reihenfolge subtrahieren. **8** Aufgabe finden und lösen.
Nach dieser Seite empfiehlt sich Diagnosetest D18.

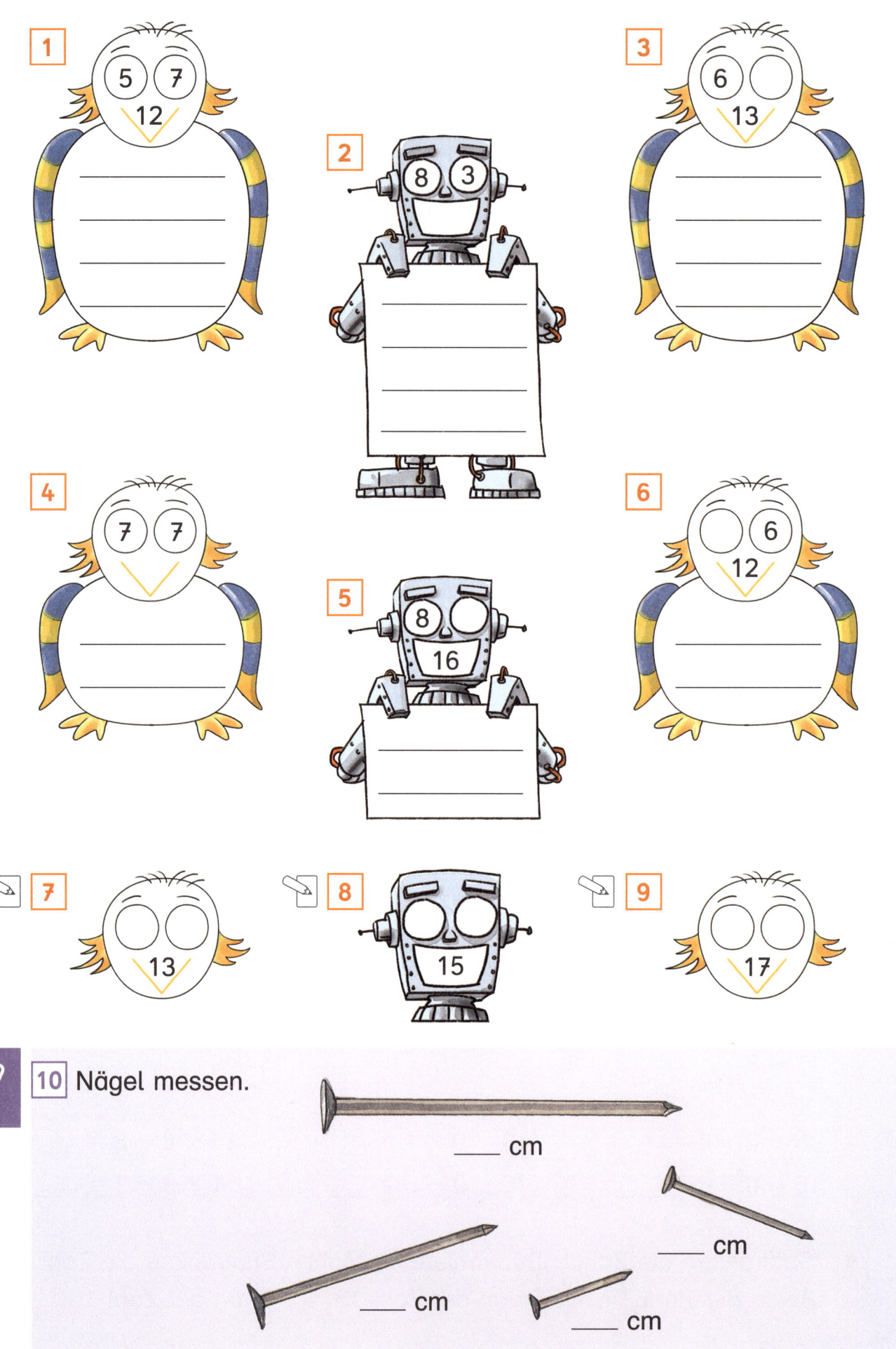

1 5 7 12

2 8 3

3 6 13

4 7 7

5 8 16

6 6 12

7 13

8 15

9 17

10 Nägel messen.

____ cm

____ cm

____ cm

____ cm

7 – 9 Pluminchen und Plumino ins Heft übertragen, jeweils vier verwandte Aufgaben finden.

Zahlen-ABC

1	2	3	4	5	6	7	8	9	10	11	12	13	14	15	16	17	18	19	20	21	22	23	24	25	26
A	B	C	D	E	F	G	H	I	J	K	L	M	N	O	P	Q	R	S	T	U	V	W	X	Y	Z

1

15 + 3 = ____

11 + 4 = ____

10 – 8 = ____

6 – 4 = ____

8 – 3 = ____

2

14 – 10 = ____

9 – 4 = ____

6 + 6 = ____

10 – 4 = ____

4 + 5 = ____

16 – 2 = ____

3

8 + 5 = ____

20 + 1 = ____

13 + 6 = ____

10 – 7 = ____

12 – 4 = ____

11 – 6 = ____

5 + 7 = ____

4

6 + 5 = ____

14 + 4 = ____

14 – 9 = ____

10 – 8 = ____

15 + 4 = ____

5

3 + 8 = ____

8 + 7 = ____

12 + 6 = ____

6 – 5 = ____

6 + 6 = ____

3 + 9 = ____

12 – 7 = ____

6

1 + ____ = 20

5 + ____ = 10

15 + ____ = 20

1 + ____ = 10

13 + ____ = 20

6 + ____ = 11

2 + ____ = 14

1 – **6** Rechnen, zum Ergebnis im Zahlen-ABC den passenden Buchstaben suchen und Lösungswort eintragen.

Sachrechnen

Welche Fragen kannst du beantworten?

1

Wie viele Kinder stehen beim Seilspringen an?

Wie viele Kinder sind schon gesprungen?

Wie teuer sind zwei Stelzen?

2

Wer hat die Männchen an die Mauer gemalt?

Wie viele Schaufeln stecken im Sand?

Fünf Kinder spielen Gummitwist. In welche Klasse gehen sie?

3

Wie viele Reifen sind es zusammen?

Wie oft kann das Mädchen den Reifen drehen?

Drei Kinder spielen mit Murmeln, ein Kind mit dem Reifen. Wie viele Kinder sind in der Klasse?

4

Du siehst große und kleine Bäume. Wie alt sind die großen?

Wie viele Kinder auf dem Bild spielen Verstecken?

Wie lange haben die Kinder Pause?

1 Was gehört zusammen? Ordne zu und verbinde.

A  B  C

Wie viele Kinder sind insgesamt auf dem Klettergerüst?

Wie viele Seifenblasen sind noch ganz?

Wie viele Kinder wippen noch?

Wie viele Muffins backt Mama morgen?

12 + 4 = ____   4 + 4 = ____   10 − 2 = ____   12 − 4 = ____

____ Seifenblasen sind noch ganz.

____ Kinder wippen noch.

____ Kinder spielen fangen.

____ Kinder sind insgesamt auf dem Klettergerüst.

2  Erzähle deinem Partner eine Rechengeschichte zu dem Bild.
Wie heißt die Frage?
Schreibe eine Aufgabe und löse sie.
Schreibe die Antwort.

3 Schreibe oder male jeweils eine Rechengeschichte zu der Aufgabe.
Stelle eine Frage. Löse und antworte.

5 + 6 = ____   17 − 10 = ____   13 + ____ = 19

4 Schreibe und male eigene Rechengeschichten.

2 – 4 Zusätzlich: Eigene Rechengeschichten für eine Sachrechenkartei sammeln.

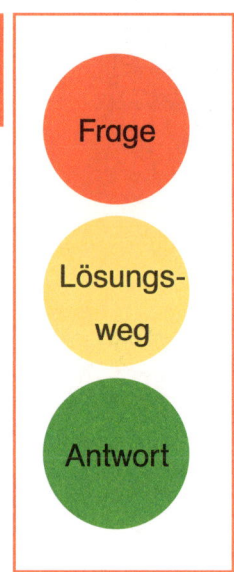

1   Zwei Kinder spielen Ball. Es kommen noch ____ Kinder dazu.

F   Wie viele Kinder spielen dann Ball?

L   2 + ____ = ____

A   ____ Kinder spielen dann Ball.

2   Pia hat aus Sand ____ große und ____ kleine Kuchen gebacken.

F   Wie viele Kuchen hat Pia zusammen?

L   ____ + ____ = ____

A   ____ Kuchen hat Pia zusammen.

3   Ole hat ____ Luftballons und Nala hat ____ Luftballons.

F   Wie viele Luftballons haben beide zusammen?

L   ____ + ____ = ____

A   ____ Luftballons haben beide zusammen.

1 – **3** Text nach dem Bild ergänzen. Lösung und Antwort aufschreiben.

1 Vier Kinder schaukeln. ____ Kinder springen ab.

F Wie viele Kinder schaukeln noch weiter?

L 4 − ____ = ____

A ____ Kinder schaukeln noch weiter.

2 Neun Vögel suchen Futter. ____ Vögel fliegen weg.

F Wie viele Vögel sind noch da?

L ____ − ____ = ____

A ____ Vögel sind noch da.

3 Auf der Mauer waren ____ Dosen. ____ Dosen fallen herunter.

F Wie viele Dosen sind noch auf der Mauer?

L ____ − ____ = ____

A ____ Dosen sind noch auf der Mauer.

1 – **3** Text nach dem Bild ergänzen. Lösung und Antwort aufschreiben.

1 Lina hat sechs lila Murmeln und zwei blaue Murmeln.

F Wie viele Murmeln hat Lina?

L _____

A ____ Murmeln hat Lina.

2 Neun Kinder spielen miteinander. Vier Kinder gehen nach Hause.

F Wie viele Kinder sind noch da?

L _____

A ____ Kinder sind noch da.

3 Acht Kinder spielen miteinander. Zwei Kinder gehen nach Hause.

F Wie viele Kinder sind noch da?

L _____

A ____ Kinder sind noch da.

4 Olga hat zehn Murmeln. Tim hat sieben Murmeln.

F Wie viele Murmeln hat Olga mehr?

L _____

A ____ Murmeln hat Olga mehr als Tim.

5

Strecke	Länge
$\overline{AB}$	cm
$\overline{BC}$	
$\overline{CD}$	
$\overline{DE}$	
$\overline{EA}$	

Welche Sätze stimmen?
Kreuze an.

$\overline{AB}$ ist kürzer als $\overline{EA}$. ☐

$\overline{CD}$ ist länger als $\overline{AB}$. ☐

$\overline{DE}$ und $\overline{EA}$ sind
gleich lang. ☐

1, **2**, **4** Lösung und Antwort aufschreiben. **3** Eine passende Skizze zeichnen. Lösung und Antwort aufschreiben.
5 Strecken messen und Länge eintragen.

1 Julia hat 9 Sticker. Sie schenkt Petra 4 Sticker.

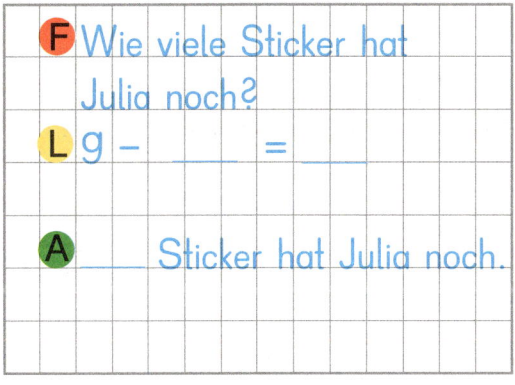

F Wie viele Sticker hat Julia noch?

L 9 – _____ = _____

A _____ Sticker hat Julia noch.

2 Nadine hat 6 gelbe und 5 blaue Luftballons.

F Wie viele Luftballons hat Nadine?

L

A

3 Jonas hat 13 Murmeln. Er schenkt Lena 5 Murmeln.

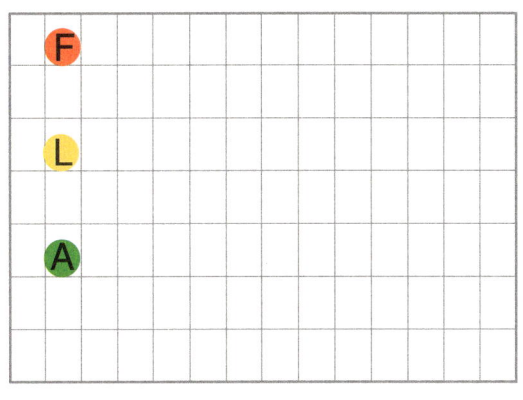

F

L

A

4 Niko hat 11 Sticker.
Er verschenkt 3 Sticker.

5 Lisa hat 4 rote und
3 blaue Blumen.

6 Martin hat 3 große
und 8 kleine Murmeln.

7 Taskin hat 18 Sticker.
Er verschenkt die Hälfte.

1 – **3** Lösung mit Skizze. Antwort aufschreiben. **4** – **7** Skizze als Lösungshilfe.
Nach dieser Seite empfiehlt sich Diagnosetest D19 .

113

8 €

_2_ € zurück.

1

5 €   ____ € zurück.

2

6 €   ____ € zurück.

3

____ €   ____ € zurück.

4

____ €   ____ € zurück.

5

____ €   ____ € zurück.

6

____ €   ____ € zurück.

1 – 2 Zurückgegebenen Betrag berechnen.   **3 – 6** Preis eintragen. Zurückgegebenen Betrag berechnen.

Zum Knobeln: Scheine oder Münzen legen

Immer mit 3.

Immer mit 4.

1

2
2
2

2

3

4

1 – 4 Scheine oder Münzen zeichnen: links drei, rechts vier.

1 Lena kauft

F Wie viel Euro zahlt Lena?

L _6 € + 9 € = _____

A _____ € _ zahlt Lena.

2 Ali kauft

F Wie viel Euro zahlt Ali?

L _____

A _____ zahlt Ali.

3 Ich kaufe

F Wie viel Euro zahle ich?

L _____

A _____ zahle ich.

4

Max

Max hat _____. Er zahlt _____.

F Wie viel Euro hat Max noch?

L _____

A _____ hat Max noch.

5

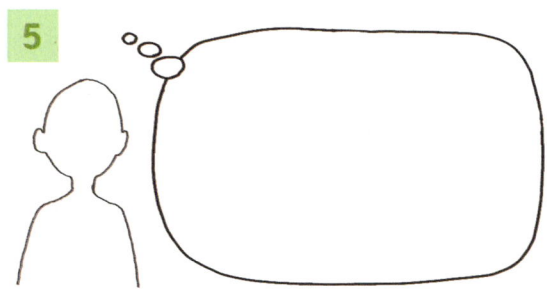

Ich habe _____. Ich zahle _____.

F Wie viel Euro habe ich noch?

L _____

A _____ habe ich noch.

1, **2**, **4** Lösung und Antwort aufschreiben. **3**, **5** Eigene Aufgabe erfinden.

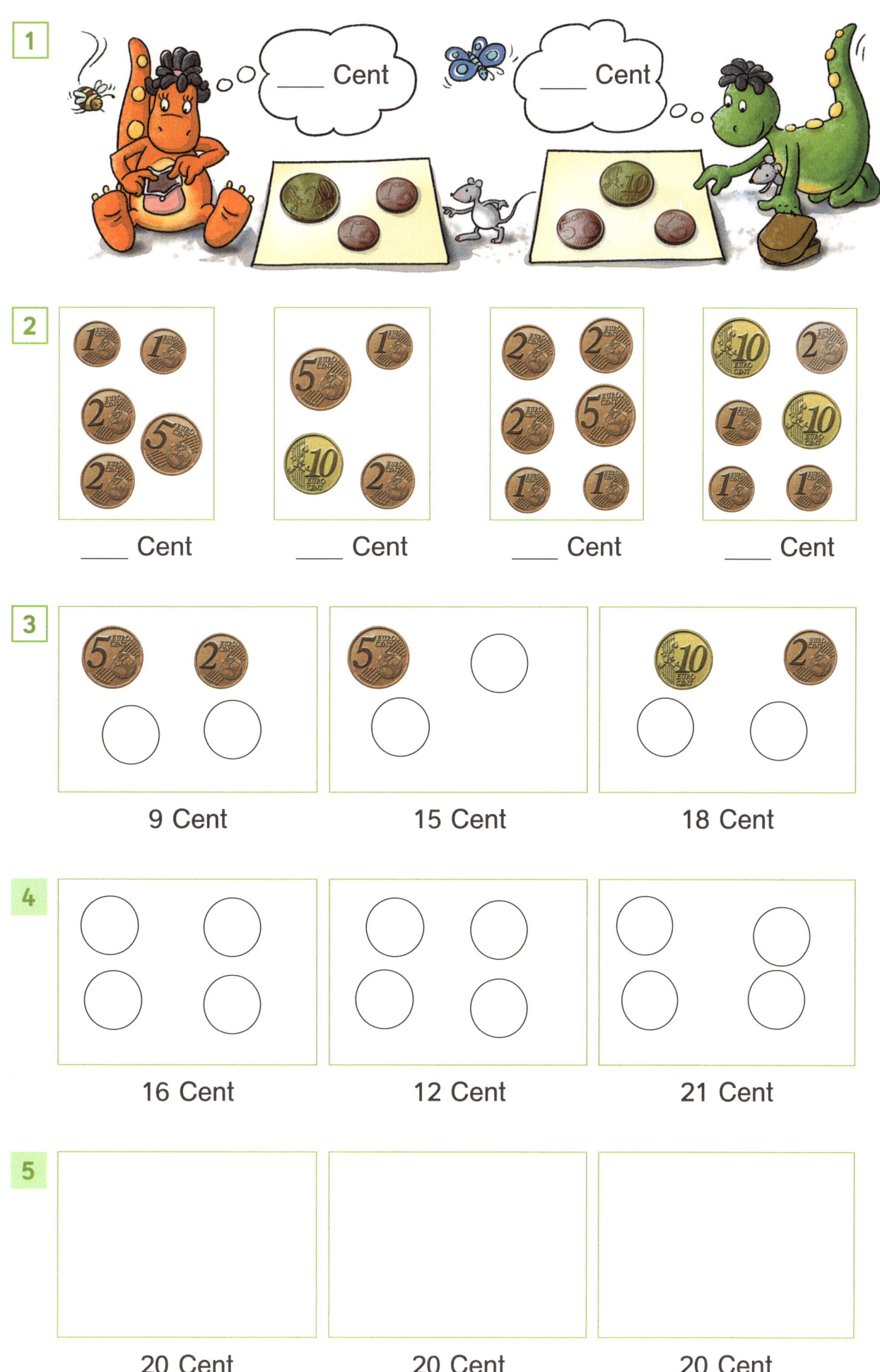

1 ___ Cent   ___ Cent

2 ___ Cent   ___ Cent   ___ Cent   ___ Cent

3 9 Cent   15 Cent   18 Cent

4 16 Cent   12 Cent   21 Cent

5 20 Cent   20 Cent   20 Cent

3 – 4 Münzen zeichnen. 5 Verschiedene Möglichkeiten für den Betrag legen und zeichnen.
Nach dieser Seite empfiehlt sich Diagnosetest D20 .

Rechnen und Entdecken

Rechnen mit 10 ist leicht.

1   7 + 6 + 4 = _17_

6 + 4 + 7 = ___

6 + 7 + 4 = ___

2   3 + 7 + 5 = ___

5 + 3 + 7 = ___

3 + 5 + 7 = ___

3   9 + 4 + 6 = ___

7 + 5 + 5 = ___

2 + 7 + 8 = ___

4   6 + 4 + 6 = ___

3 + 7 + 9 = ___

1 + 6 + 9 = ___

5   _____

_____

_____

6   5 + 8 + 5 = ___

3 + 9 + 7 = ___

8 + 7 + 2 = ___

7   15 − 4 − 6 = _5_

12 − 3 − 7 = ___

17 − 8 − 2 = ___

8   13 − 6 − 4 = ___

14 − 7 − 3 = ___

16 − 2 − 8 = ___

9   18 − 1 − 9 = ___

14 − 6 − 4 = ___

15 − 5 − 5 = ___

10   18 − 3 − 7 = ___

12 − 6 − 4 = ___

11 − 2 − 8 = ___

11   _____

_____

_____

Wo ist die 10?

12   16 − 6 − 3 = _7_

12 − 5 − 2 = ___

17 − 8 − 7 = ___

13   11 − 8 − 1 = ___

18 − 5 − 8 = ___

14 − 4 − 7 = ___

14   15 − 5 − 6 = ___

13 − 8 − 3 = ___

19 − 7 − 9 = ___

15   _____

_____

_____

16   7 + 12 − 2 = ___

6 + 14 − 4 = ___

3 + 15 − 5 = ___

12 − 2 + 4 = ___

16 + 3 − 6 = ___

6 + 7 + 4 = ___

13 + 6 − 3 = ___

15 − 7 − 3 = ___

17 + 4 − 7 = ___

5   13   13   14   14   16   16   17   17   18

5, **11**, **15** Eigene Aufgaben erfinden.

118

1

7 + 7 = _14_
8 + 7 = _15_
9 + 7 = _16_
10 + 7 = _____
_____

9 + 3 = _____
10 + 3 = _____
11 + 3 = _____
_____
_____

8 + 6 = _____
9 + 6 = _____
10 + 6 = _____
_____
_____

Erste Zahl immer ____1 mehr____,
zweite Zahl immer ____gleich____,
Ergebnis immer _____.

2

11 + 4 = _____
10 + 5 = _____
9 + 6 = _____
_____
_____

9 + 9 = _____
8 + 10 = _____
7 + 11 = _____
_____
_____

4 + 15 = _____
3 + 16 = _____
2 + 17 = _____
_____
_____

Erste Zahl immer ____1 weniger____,
zweite Zahl immer _____,
Ergebnis immer _____.

3

15 − 4 = _____
14 − 3 = _____
13 − 2 = _____
_____
_____

20 − 6 = _____
19 − 5 = _____
18 − 4 = _____
_____
_____

14 − 7 = _____
13 − 6 = _____
12 − 5 = _____
_____
_____

Erste Zahl immer _____,
zweite Zahl immer _____,
Ergebnis immer _____.

Entdeckerpäckchen: Aufgabenfolgen fortsetzen. **1** – **3** Aufgabenfolgen fortsetzen. Regel ergänzen.
Kopiervorlage auf DVD Digitale Lehrermaterialien 1 oder als Download

119

Unterschied

 1 7

4

 Unterschied 3.

2 10

6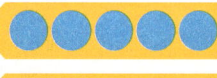

8

2

Unterschied ____

Unterschied ____

3 18

14

Unterschied ____

4 Wie groß ist der Unterschied?

20   16   13   20   18   19
18   12   10   15   16   13

____   ____   ____   ____   ____   ____

5 17

3

Unterschied ____

6 Berechne den Unterschied. Wie rechnest du?

17   12   20   15   11   14
5   9   17   4   9   8

 **7**

____ + 4 = 15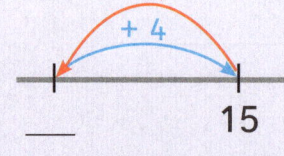

_____   ____   15

____ + 6 = 13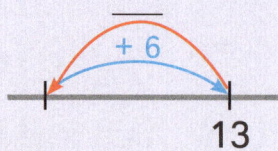

_____   13

____ − 5 = 8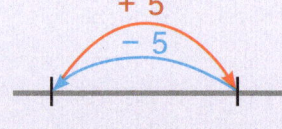

_____   ____   ____

____ − 6 = 6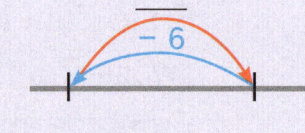

_____   ____

1 Rechenkonferenz: Unterschied auf verschiedenen Wegen bestimmen. **2** – **6** Unterschied bestimmen.
7 Platzhalteraufgaben mit Hilfe der Umkehraufgabe lösen.

1 Richtig (r) oder falsch (f)?

3 + 5 < 10 ☐	7 + 7 = 14 ☐	14 − 3 > 10 ☐	16 − 8 < 11 ☐
13 + 5 < 20 ☐	12 + 3 < 18 ☐	19 − 8 = 20 ☐	17 − 9 < 10 ☐
9 + 5 > 15 ☐	10 + 4 < 12 ☐	15 − 9 < 7 ☐	16 − 4 = 11 ☐

2 < , > oder = . Setze ein.

7 + 4 ○ 10	12 + 4 ○ 17	14 − 7 ○ 9	11 − 9 ○ 17
9 + 3 ○ 15	19 − 3 ○ 11	17 − 8 ○ 9	14 + 6 ○ 18
8 + 7 ○ 14	18 + 2 ○ 20	11 + 6 ○ 9	16 − 8 ○ 8

3

6 + 0 < 11
6 + 1 < 11
6 + 2 < 11
6 + 3 <

L: 0, 1, 2, ...

6 + 2 < 11

4
3
2
1
0

4

6 + ○ < 11

6 + 0 < 11
6 + 1 < 11
_____
_____
_____

L: _____

2 + ○ < 7

_____
_____
_____
_____

L: _____

5 4 + ___ < 9
8 + ___ < 12
17 − ___ > 12

6 20 − ___ > 15
20 − ___ > 16
20 − ___ > 17

7 9 + ___ < 11
8 + ___ < 11
7 + ___ < 11

5 − 2 < 9	5 + 6 > 9	Das sind Ungleichungen.
9 − 3 = 6	7 + 3 = 10	Das sind Gleichungen.

1 Falsche Gleichungen und Ungleichungen im Heft berichtigen. **3** – **7** Alle Lösungen finden.

Aufgaben zum Entdecken: Rechentürme

2 + 3 = 5

3 + 5 = 8

		8
5	5	5
3	3	3
2	2	2

1

☐	☐	☐	☐	☐
☐	☐	☐	☐	☐
 5	3	4	2	3
2	4	3	10	11

2

☐	☐	☐	☐	☐
 10	7	13	14	9
☐	☐	☐	☐	☐
7	5	10	12	4

3

☐	☐	☐	☐	☐
 6	8	10	11	10
5	1	4	2	8
☐	☐	☐	☐	☐

4

20	15	13	16	13
15	9	7	8	13
☐	☐	☐	☐	☐
☐	☐	☐	☐	☐

Rechentürme: Zwei übereinander stehende Zahlen addieren, das Ergebnis darüber schreiben.
Kopiervorlage auf DVD Digitale Lehrermaterialien 1 oder als Download

1

$3 + 4 = 7$

Blackboard:
___ + ___ = 4
___ + ___ = 5
$\underline{3} + \underline{4} = 7$
___ + ___ = 7
___ + ___ = 9
$\underline{6} + \underline{4} = 10$

Cards: 4, 3, 1, 6

2

___ + ___ = 5
___ + ___ = 6
___ + ___ = 7
___ + ___ = 7
___ + ___ = 8
___ + ___ = 9

Cards: 2, 5, 4, 3

3

___ + ___ = 2
___ + ___ = 3
___ + ___ = 6
___ + ___ = 5
___ + ___ = 8
___ + ___ = 9

Cards: 6, 0, 3, 2

4

___ + ___ = 4
___ + ___ = 5
___ + ___ = 6
___ + ___ = 7
___ + ___ = 8
___ + ___ = 9

Cards: 3, 5, 1, 4

5

___ + ___ = ___
___ + ___ = 10
___ + ___ = ___
___ + ___ = 15
___ + ___ = 16
___ + ___ = ___

Cards: 12, 7, 4, 3

6

___ + ___ = ___
___ + ___ = 14
___ + ___ = 15
___ + ___ = ___
___ + ___ = 17
___ + ___ = ___

Cards: 6, 9, 11, 5

7

___ + ___ = ___
___ + ___ = 9
___ + ___ = 11
___ + ___ = ___
___ + ___ = ___
___ + ___ = ___

Cards: 10, 8, 1, 7

8

___ + ___ = 6
___ + ___ = 8
___ + ___ = 9
___ + ___ = 10
___ + ___ = 11
___ + ___ = 13

Cards: 2, 6, 4, ___

9

___ + ___ = 8
___ + ___ = 10
___ + ___ = 12
___ + ___ = 16
___ + ___ = 18
___ + ___ = 20

Cards: 7, 5, 13, ___

Partnerspiel

- Zahlenkarten von 0 bis 12 nehmen.
- Vier Zahlenkarten wählen.
- Alle sechs Aufgaben rechnen.
- Ergebnisse der Größe nach in ein Sechserpäckchen eintragen.
- Dem Partner drei der vier Zahlenkarten zeigen. Er soll die fehlende Zahlenkarte finden.

Sechserpäckchen: Aus vier verschiedenen Zahlen sechs Aufgaben bilden. Aufgabe und Tauschaufgabe gelten als eine Aufgabe. **5** – **7** Wie heißen die fehlenden Ergebnisse? **8** – **9** Wie heißt die fehlende Zahlenkarte?
Kopiervorlage auf DVD Digitale Lehrermaterialien 1 oder als Download

123

Daten

Milch	Orangensaft	Kirschsaft		Waffeln	Torte	Kuchen
卌 ||	卌 ||||	卌 卌 ||		卌 卌 ||	卌 卌 ||||	卌 ||||

Gebäck
Getränke

1 Mia hat ____ Becher Milch, ____ Becher Kirschsaft und ____ Becher Orangensaft verkauft.

Kai hat ____ Waffeln, ____ Stück Torte und ____ Stück Kuchen verkauft.

2 Wie viele Kinder trinken Milch? _____
Wie viele Kinder trinken Kakao? _____
Was trinken die Kinder am liebsten?
_____

Milch	Kakao	Saft
卌 ||||	卌 卌 ||	卌	

3 So sind die Kinder der Klasse 1b heute zur Schule gekommen.
Sie haben eine Liste angelegt.

zu Fuß	Auto	Zug	Fahrrad		
卌	||||			|||		

Sechs Kinder haben die S-Bahn genommen, zwei Kinder den Bus.
Trage ein.

4 Wie sind die Kinder in deiner Klasse heute zur Schule gekommen?
Lege eine Strichliste an.

1 Tina hat ihre Gummibären geordnet und zeichnet nun ein Schaubild.
Hilf ihr!

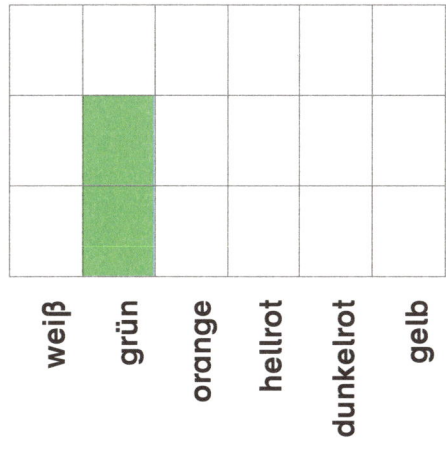

2 Lege für diese Gummibären eine Strichliste an und zeichne ein
Schaubild.

3 Ziehe 20 Gummibären. Lege für deine Gummibären eine Strichliste
an und zeichne ein Schaubild.

125

1

+	4	7	5	8
6				
8				

2
3 + 9 = ___
4 + 7 = ___
8 + 8 = ___
5 + 6 = ___

3
14 + 3 = ___
11 + 8 = ___
13 + 5 = ___
12 + 4 = ___

4

−	8	5	9	2
14				
12				

5
13 − 5 = ___
16 − 9 = ___
12 − 6 = ___
15 − 7 = ___

6
11 − 4 = ___
13 − 8 = ___
17 − 9 = ___
12 − 8 = ___

7 Wie groß ist der Unterschied?

15   17   12
12   10   8

___   ___   ___

8 < , > oder = . Setze ein.

6 + 8 ○ 16   18 − 2 ○ 11
5 + 9 ○ 14   17 − 8 ○ 9
0 + 7 ○ 7   15 − 3 ○ 13
9 + 4 ○ 11   13 − 4 ○ 10

9

4 € ⟍   ___ € zurück.

10

5 € ⟍   ___ € zurück.

11
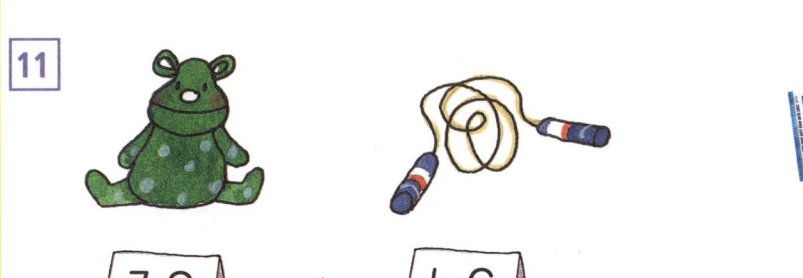

7 € ⟍   +   4 € ⟍      ___ € zurück.

7 – **8** Plusmobile. **9** – **11** Zurückgegebenen Betrag eintragen.
Kopiervorlage auf DVD Digitale Lehrermaterialien 1 oder als Download

1 Miss die Strecken.

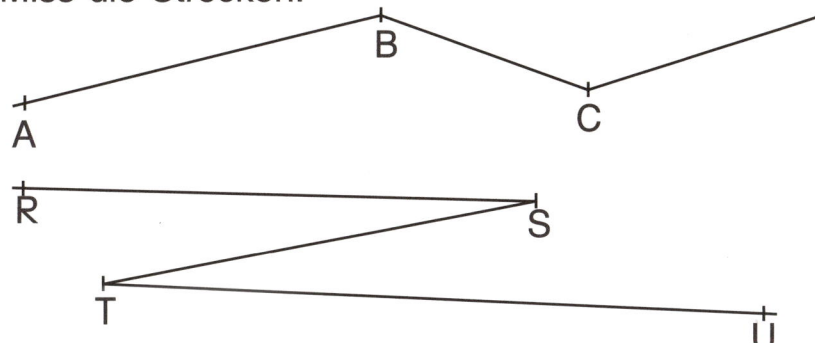

$\overline{AB}$ = ____ cm
$\overline{BC}$ = ____ cm
$\overline{CD}$ = ____ cm
$\overline{RS}$ = ____ cm
$\overline{ST}$ = ____ cm
$\overline{TU}$ = ____ cm

2 Welche Sätze stimmen? Kreuze an.

$\overline{RS}$ ist kürzer als $\overline{AB}$. ☐

$\overline{AB}$ ist länger als $\overline{CD}$. ☐

$\overline{RS}$ und $\overline{MN}$ sind gleich lang. ☐

$\overline{CD}$ ist genauso lang wie $\overline{MN}$. ☐

$\overline{CD}$ ist kürzer als $\overline{RS}$. ☐

3 < , > oder = . Setze ein.

15 ◯ 17   12 ◯ 2

20 ◯ 10   16 ◯ 16

8 ◯ 18   7 ◯ 3

19 ◯ 9   10 ◯ 11

4	V	Zahl	N
		16	
		9	
		19	

5	V	Zahl	N
	8		
			17
			11

6

🖍 11., 13., 17., 20.

🖍 12., 16., 18.

🖍 14., 15., 19.

7 4, 6, 8, ____, ____, ____, 16

8 0, 3, 6, ____, ____, ____, 18

9 20, 18, 16, ____, ____, ____, 8

10 19, 16, 13, ____, ____, ____, 1

11 2, 5, 4, 7, ____, ____, ____, 11

12 2, 1, 4, 3, ____, ____, ____, 7

13 8, 9, 6, 7, ____, ____, ____, 3

14 9, 6, 7, 4, ____, ____, ____, 0

4 – 5 Vorgänger, Zahl und Nachfolger aufschreiben.   6 Perlen entsprechend der Ordnungszahlen färben.
7 – 14 Zahlenfolgen fortsetzen.

Zeit

Jahreszeiten und Monate

---

1 Wie viele Monate hat das Jahr?

_____

2 Wie heißt der erste Monat im Jahr?

_____

3 Wie heißt der letzte Monat im Jahr?

_____

4 Welcher Monat kommt nach Mai?

_____

5 Schreibe aus jeder Jahreszeit einen Monat auf.

Frühling: _____   Sommer: _____

Herbst: _____   Winter: _____

128

1 Suche Montag, den 5. Juni, im Kalender.
Male diesen Tag blau an.

vorgestern		____ Juni
gestern		____ Juni
heute	Mo	5. Juni
morgen		____ Juni
übermorgen		____ Juni

2 Kirstens Termine im Juni

Bastelkurs: ___Donnerstag, 8. Juni___

Schulfest: _____

Kino mit Lea: _____

Zahnarzt: _____

3 Eva hat ____ Tage **nach** Heidi Geburtstag.

Jörg hat ____ Tage **nach** Eva Geburtstag.

Heidi hat ____ Tage **vor** Jörg Geburtstag.

4 Wie lange dauert es?

Besuch Oma: ____ Tage

Klassenfahrt: ____ Tage

Schulfest: ____ Stunden

5 Wie lange dauert der Sommer?

____ Tage dauert der Sommer.

5 Forscheraufgabe: Die Kinder besorgen sich die benötigten Informationen selbst.
Nach dieser Seite empfiehlt sich Diagnosetest D21 .

Juni 2017

Do 1. Juni: Geb. Heidi

Fr 2. Juni:⎫
Sa 3. Juni:⎬ Besuch Oma
So 4. Juni:⎭

Mo 5. Juni:

Di 6. Juni: Zahnarzt 16 Uhr

Mi 7. Juni:

Do 8. Juni: Bastelkurs 15–17 Uhr

Fr 9. Juni:

Sa 10. Juni:

So 11. Juni:

Mo 12. Juni: Geb. Eva

Di 13. Juni:

Mi 14. Juni:

Do 15. Juni:⎫
Fr 16. Juni:⎬ Klassenfahrt

Sa 17. Juni:

So 18. Juni:

Mo 19. Juni: Kino mit Lea

Di 20. Juni: Sommeranfang

Mi 21. Juni:

Do 22. Juni: Geb. Jörg

Fr 23. Juni:

Sa 24. Juni:

So 25. Juni:

Mo 26. Juni:

Di 27. Juni:

Mi 28. Juni: Schulfest 14–18 Uhr

Do 29. Juni:

Fr 30. Juni:

Zahlen bis 100

20 zwanzig

10 zehn

30 dreißig

40 vierzig

5 fünf

1 Zähle in Zehnerschritten und zeige an der Hunderterreihe.

10, 20, ..., 100   100, 90, ..., 10

2 Welche Zehnerzahlen liegen dazwischen?

10, ___, ___, ___, 50

40, ___, ___, ___, 80

20, ___, ___, ___, ___, 70

3 < oder > . Setze ein.

30 ◯ 50	70 ◯ 100	80 ◯ 40	60 ◯ 70
70 ◯ 40	90 ◯ 50	30 ◯ 60	100 ◯ 40
60 ◯ 100	10 ◯ 20	40 ◯ 90	90 ◯ 80

4

10 + 10 = ___   40 + 10 = ___   50 + 50 = ___

10 + 50 = ___   30 + 60 = ___   20 + 70 = ___

20 + 30 = ___   50 + 20 = ___   80 + 20 = ___

20   50   50   60   80   70   90   90   100   100

5 20 + 20 = ___   **6** 10 + 30 = ___   **7** 10 + 60 = ___

30 + 20 = ___   10 + 40 = ___   20 + 60 = ___

8 100 − 20 = ___   **9** 90 − 60 = ___   **10** 100 − 70 = ___

70 − 30 = ___   60 − 50 = ___   80 − 60 = ___

 11

11 Die fehlende Zahl finden und verwandte Aufgaben schreiben.

130

60
sechzig

70
siebzig

80
achtzig

1

V	Zahl	N
	60	
	70	
	20	

V	Zahl	N
	30	
	90	
	10	

V	Zahl	N
	30	
		100
	50	

2 Du hast diese Münzen:

Lege: 30 Cent, 50 Cent, 80 Cent, 100 Cent.

3 Du hast diese Scheine:

Lege: 40 €, 60 €, 10 €, 90 €, 20 €.

90
neunzig

4 Wie viel Geld ist es?

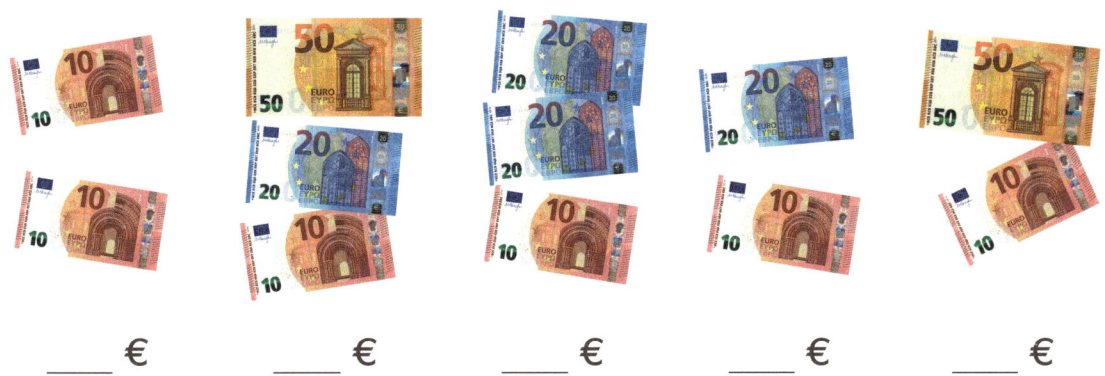

___ €   ___ €   ___ €   ___ €   ___ €

100
einhundert

100 Cent = 1 Euro (€)

1 Vorgänger, Zahl und Nachfolger aufschreiben.   **2** – **3** Teilweise sind mehrere Lösungen möglich.

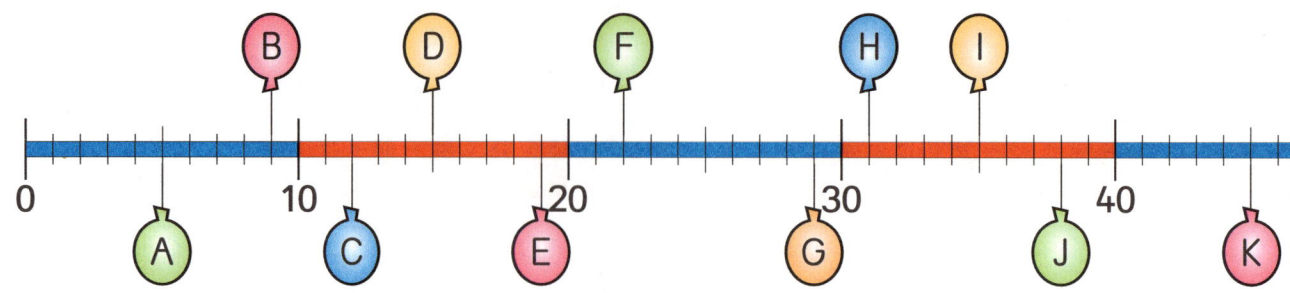

1 Schreibe ins Heft. A = 5, B = ____ ...

2

   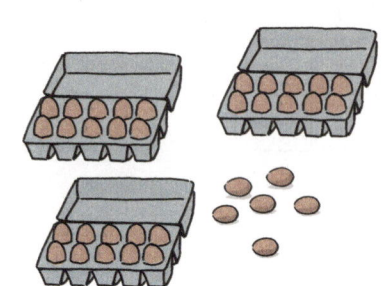

2 Z   + 3 E   ___ Z + ___ E

20   + 3 = 23   ___   + ___   = ___

3

Z	E		Z	E		Z	E		Z	E		Z	E
6	8		8	6									

60 + 8 = 68 _____   60 + 5 = __   30 + 6 = __   50 + 1 = __

4 < , > oder = . Setze ein.

74 ⬤ 79   42 ⬤ 32   19 ⬤ 91   39 ⬤ 59

85 ⬤ 35   65 ⬤ 65   63 ⬤ 36   97 ⬤ 97

68 ⬤ 88   75 ⬤ 74   54 ⬤ 45   83 ⬤ 82

5 Ordne. Beginne mit 0. [0,5 | | | | |]

27   60   0   33   5   100   35   53

6 Ordne. Beginne mit der kleinsten Zahl.

55   42   7   88   64   32   101   13

7 27 + ____ = 30   48 + ____ = 50   63 + ____ = 70   85 + ____ = 90

27 − ____ = 20   48 − ____ = 40   63 − ____ = 60   85 − ____ = 80

7 Aufgaben mit Hilfe der Umkehraufgabe lösen.

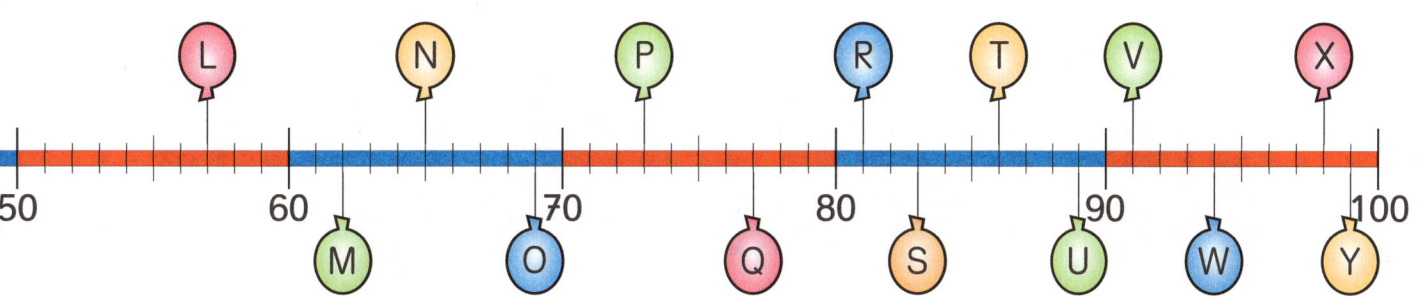

1 Schreibe ins Heft. L = 57, M = ____ ...

2

____ Z + ____ E   ____ Z + ____ E

____ + ____ = ____   ____ + ____ = ____

3

Z	E		Z	E		Z	E		Z	E		Z	E
4	2					7	7						

_____   30 + 9 = __   _____   90 + 5 = __   _____ = 67

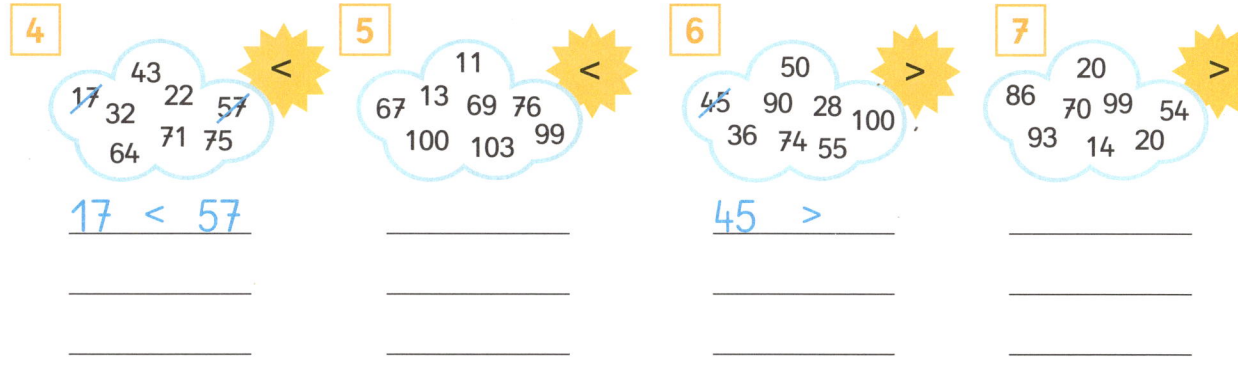

4
43
17 32 22 57
64 71 75

17 < 57

_____

_____

_____

5
11
67 13 69 76
100 103 99

_____

_____

_____

_____

6
50
45 90 28 100
36 74 55

45 >

_____

_____

_____

7
20
86 70 99 54
93 14 20

_____

_____

_____

_____

8

V	Zahl	N		V	Zahl	N		V	Zahl	N		V	Zahl	N
	53				75			49						70
	89				60					100		34		

9 32 + ____ = 40   54 + ____ = 60   99 + ____ = 100   76 + ____ = 80

32 − ____ = 30   54 − ____ = 50   99 − ____ = 90   76 − ____ = 70

4 – 7 Je zwei Zahlen wählen (durchstreichen) und passend aufschreiben. **8** Vorgänger, Zahl und Nachfolger aufschreiben. **9** Aufgaben mit Hilfe der Umkehraufgabe lösen.

Paul Klee „Burg und Sonne", 1928

1 Schaut das Bild genau an. Findet die Ausschnitte.

A

B

C

D

E

2 Zeichne die geometrischen
Formen mit Schablonen
auf farbiges Papier.
Schneide sie aus.
Klebe daraus ein schönes Bild.

1 Über das Bild sprechen, Bildausschnitte finden.

1 Welche geometrischen Formen erkennst du in dem Quadrat?

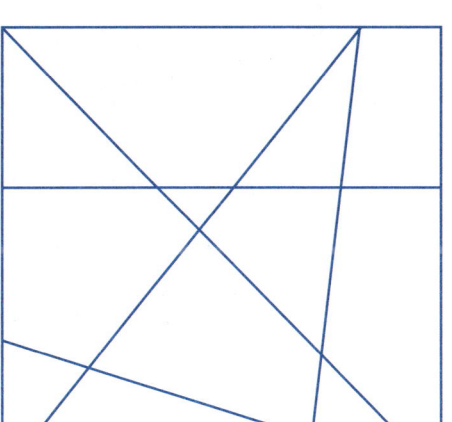

2 Gestalte das Dreieck wie das Quadrat.

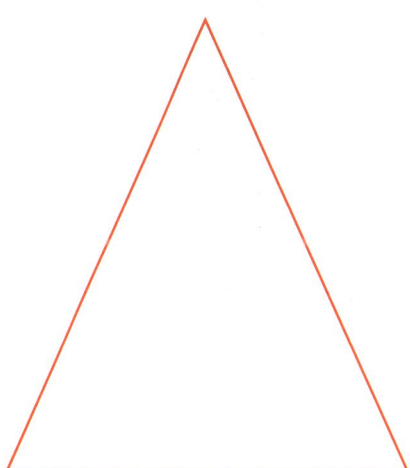

3 Gestalte diese Formen wie das Quadrat.

4 Nimm ein quadratisches Blatt Papier. Zeichne die Linien ein. Zerschneide das Quadrat entlang der markierten Linien.

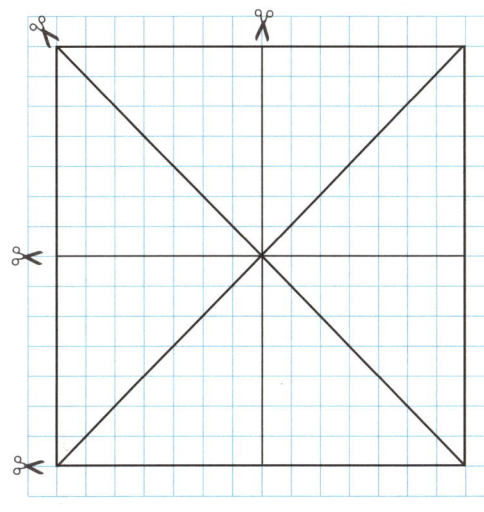

5 Klebe aus den Dreiecken von Aufgabe 4 eine schöne Figur in dein Heft.

6 Gestalte mit deinem Partner Figuren. Benutzt dazu 16 Dreiecke.

4 Schneidelinien einzeichnen oder durch Falten erzeugen wie auf Seite 35.

1

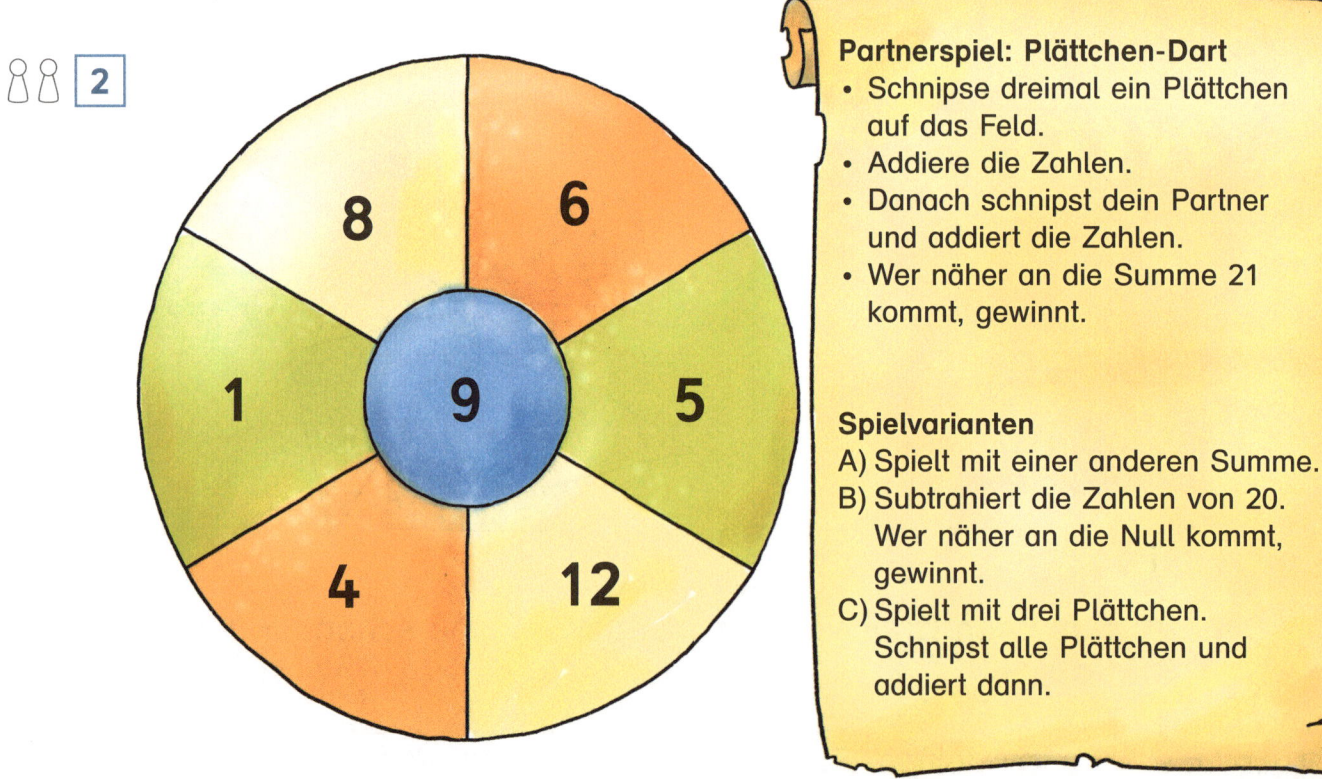

Seitenwechsel
- Spiele alleine.
- Links 3 blaue, rechts 3 rote Plättchen
- Wechsele die Seite. Du darfst schieben oder überspringen.
- Niemals zurück.

Spielvarianten
- Spielt zu zweit.
- Zieht abwechselnd. Ein Kind zieht mit den blauen, das andere mit den roten Plättchen.

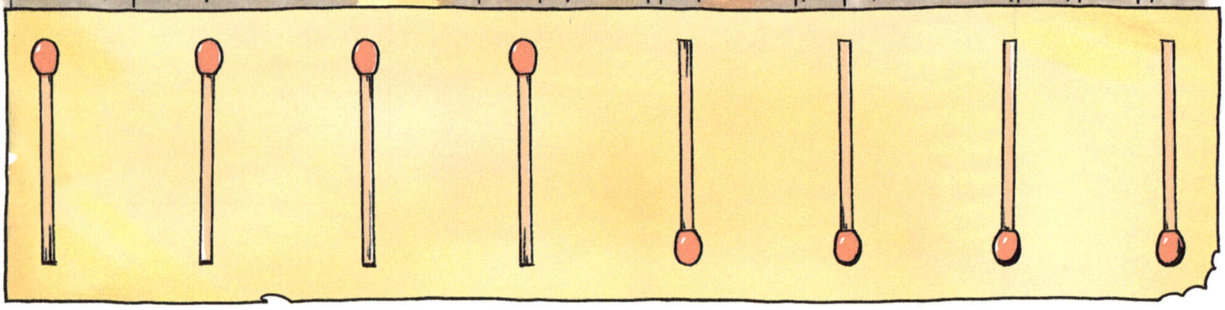

2

Partnerspiel: Plättchen-Dart
- Schnipse dreimal ein Plättchen auf das Feld.
- Addiere die Zahlen.
- Danach schnipst dein Partner und addiert die Zahlen.
- Wer näher an die Summe 21 kommt, gewinnt.

Spielvarianten
A) Spielt mit einer anderen Summe.
B) Subtrahiert die Zahlen von 20. Wer näher an die Null kommt, gewinnt.
C) Spielt mit drei Plättchen. Schnipst alle Plättchen und addiert dann.

Zahlenwerte auf der Scheibe: 8 6 1 9 5 4 12

1 Zahlenspirale

- *Ihr braucht*: 2-4 Mitspieler, Spielfiguren, 2 Würfel
- Würfelt abwechselnd und zieht die Augenzahl vorwärts.
- *Ziel*: Wer zuerst auf die 30 kommt, gewinnt.

- *Ereignisfelder*:

 Würfel mit einem Würfel.
Gerade Zahl: Gehe die Hälfte deiner Zahl nach vorne.
Ungerade Zahl: Ziehe deine Zahl zurück.

 Wähle einen Partner.
Er stellt dir eine Aufgabe,
die du lösen musst.
Richtige Antwort: Drei Felder vor.
Falsche Antwort: Bleibe stehen.

 Würfel gegen einen
Mitspieler deiner Wahl.
Kleinere Zahl: Augenzahl vor.
Größere Zahl: Bleibe stehen.

2 Spielvarianten

A) Spielt mit zwei Würfeln.

   Spielt geschickt.

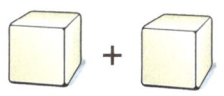 +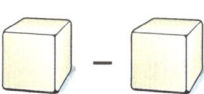

   Addiert   oder   subtrahiert.

B) Malt eine große Zahlenspirale mit Kreide auf den Schulhof.

C) Denkt euch selbst Spielregeln aus.

137

Raum und Form

Lagebeziehungen

links	oben	rechts
	Mitte	
	unten	

linke Hand   rechte Hand

Geometrische Figuren und Körper

Vierecke   Dreieck   Kreis

Rechtecke

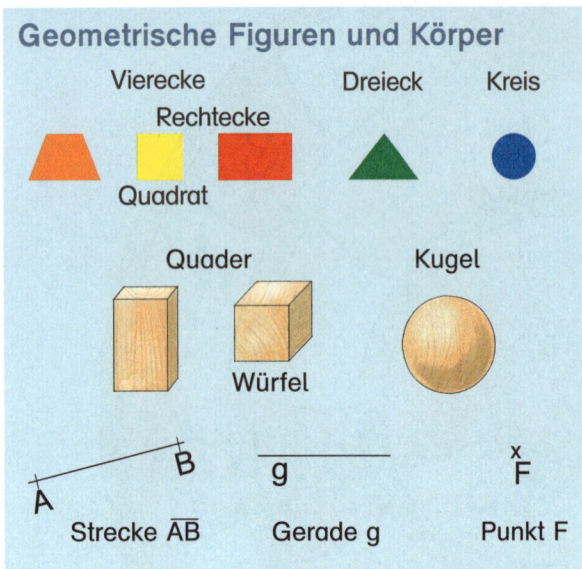

Quadrat

Quader   Kugel

Würfel

Strecke $\overline{AB}$ Gerade g   Punkt F

Größen und Messen

Längen: Strecken messen und vergleichen

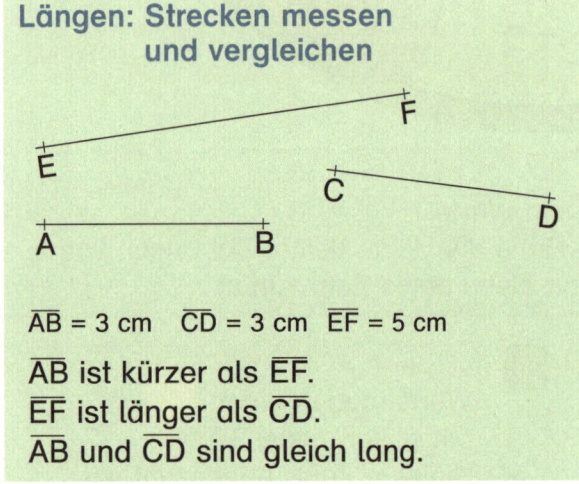

$\overline{AB}$ = 3 cm $\overline{CD}$ = 3 cm $\overline{EF}$ = 5 cm

$\overline{AB}$ ist kürzer als $\overline{EF}$.
$\overline{EF}$ ist länger als $\overline{CD}$.
$\overline{AB}$ und $\overline{CD}$ sind gleich lang.

Geld: Münzen und Scheine kennen und damit rechnen

Zahlen und Operationen

Zahlenreihe vorwärts und rückwärts fortsetzen

Nachbarzahlen bestimmen

Vorgänger	Zahl	Nachfolger
V	Zahl	N
12	13	14

Zahlen vergleichen

< ist kleiner als   = ist gleich
> ist größer als

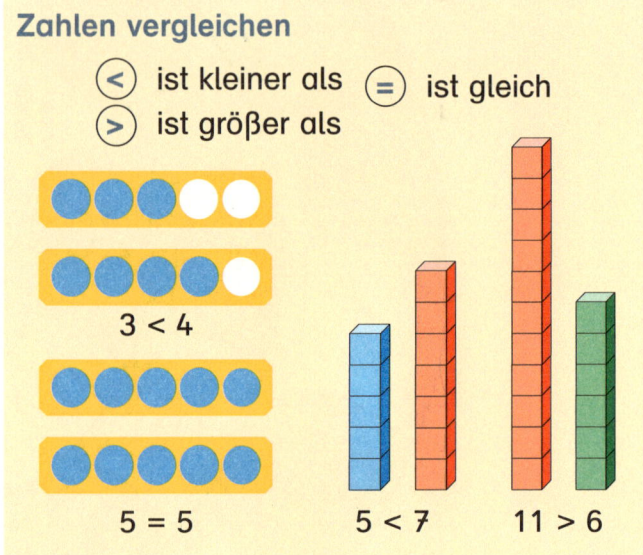

3 < 4

5 = 5   5 < 7   11 > 6

Zahlen ordnen

2, 0, 17, 20, 8, 15

0, 2, 8, 15, 17, 20

Gerade und ungerade Zahlen unterscheiden

■ gerade
0 2 4 6 8
1 3 5 7 9
■ ungerade

Ordnungszahlen kennen, Dinge der Reihe nach ordnen

1. 2. 3. 4. 5. 6. 7. 8. 9. 10.

Zahlen bis 100 kennen

$40 + 7 = 47$

Z	E
4	7

Zahlen und Operationen

Zerlegungen bis 10 auswendig wissen

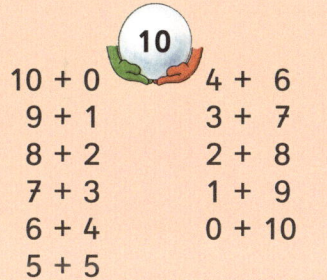

10

10 + 0	4 + 6
9 + 1	3 + 7
8 + 2	2 + 8
7 + 3	1 + 9
6 + 4	0 + 10
5 + 5	

Verwandte Aufgaben angeben

Aufgabe und	**Tauschaufgabe**
4 + 8 = 12	8 + 4 = 12

Aufgabe und **Umkehraufgabe**

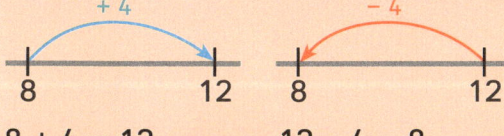

8 + 4 = 12   12 − 4 = 8

Grundaufgaben auswendig wissen

3 + 4 = 7
drei plus vier ist gleich sieben

7 − 3 = 4
sieben minus drei ist gleich vier

Verdoppeln und Halbieren

Verdoppeln	2	3	4	5	6	7
Halbieren	4	6	8	10	12	14

Wichtige Begriffe

Addieren

Summand plus **Summand** ist gleich **Summe.**

15   +   3   =   18
Summe

Summanden kann man vertauschen.
Die Summe bleibt gleich.

14 + 4 = 18   4 + 14 = 18

Subtrahieren   17 − 6 = 11

Gleichungen und **Ungleichungen**

__ + 4 = 7   __ + 3 < 7
3 + 4 = 7   Lösung: 0, 1, 2, 3

Addieren und Subtrahieren bis 20

Übertragen der Grundaufgabe

15 + 3   5 + 3 = 8 ¦ 17 − 6   7 − 6 = 1
          15 + 3 = 18 ¦   17 − 6 = 11

Zehnerübergang

8 + 5	8 + 5 = 13
	8 + 2 = 10
	10 + 3 = 13

Erst + 2, dann + 3.

14 − 6	14 − 6 = 8
	14 − 4 = 10
	10 − 2 = 8

Erst − 4, dann − 2.

Vorteilhaftes Rechnen

Rechnen mit der 10

6 + 9   6 + 10 = 16, dann 1 weniger
15 − 9   15 − 10 = 5, dann 1 mehr

Umkehraufgabe

____ + 3 = 17

17 − 3 = ____

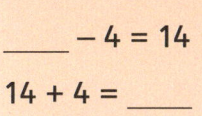

____ − 4 = 14

14 + 4 = ____

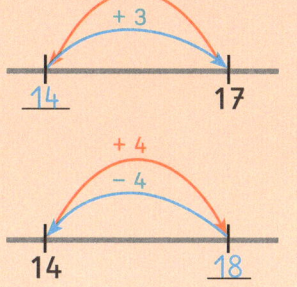

139

Muster und Strukturen

Daten, Häufigkeit und Wahrscheinllichkeit

Rechenschiffe nutzen

Die Kraft der Fünf

Daten erfassen

Strichliste

Milch	Kakao	Saft
ЖЖ IIII	ЖЖ ЖЖ II	ЖЖ I

Stellentafel ergänzen

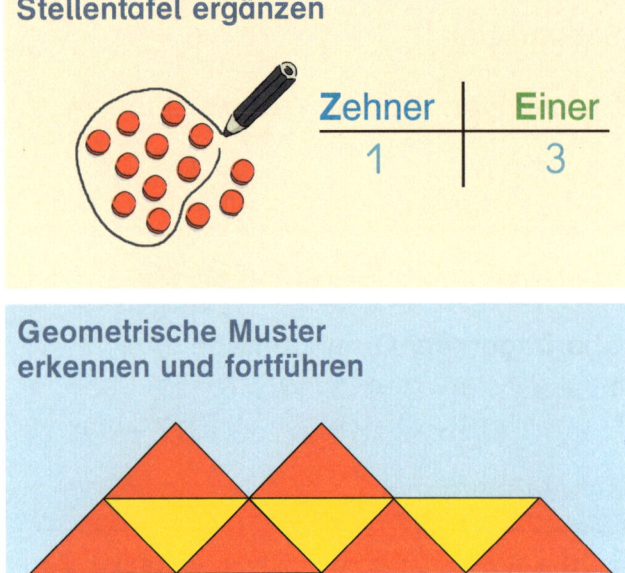

Zehner	Einer
1	3

Daten darstellen

Schaubild

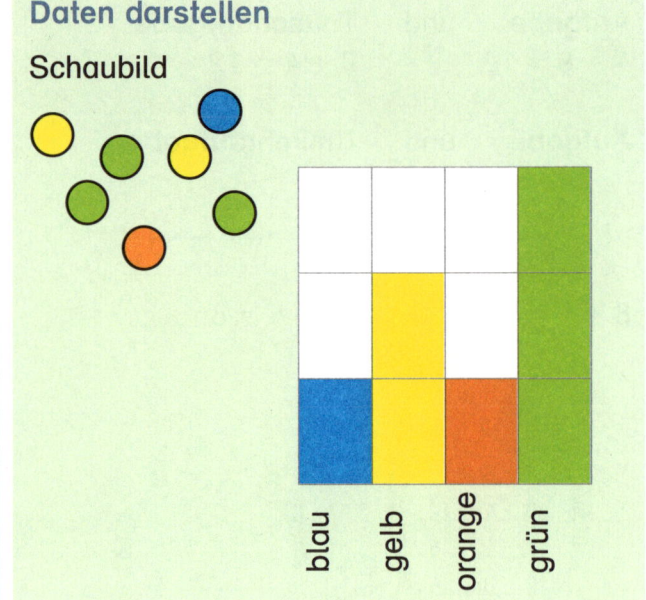

Geometrische Muster erkennen und fortführen